2024年度版

金融業務 **3** 級

顧客本位の
業務運営 コース

試験問題集

一般社団法人 **金融財政事情研究会**

◇ はじめに ◇

　本書は、一般社団法人金融財政事情研究会が実施する金融業務能力検定「金融業務3級　顧客本位の業務運営コース」（CBT方式、通年実施）を受験される方の学習の利便を図るためにまとめた試験問題集です。

　金融庁は2017年3月に「顧客本位の業務運営に関する原則」を公表し、金融機関は取組方針の策定・公表、方針に係る取組状況の定期的な公表等を通して、ベスト・プラクティスを目指すべく取り組んできました。さらなる理解促進のためには、金融機関職員一人ひとりの取組みが重要です。本検定試験を通じて、顧客本位の業務運営、顧客、販売責任に係る知識・実務対応力を検証します。

　本書とあわせて、基本教材である通信教育講座「顧客本位の業務運営（フィデューシャリー・デューティー）がよくわかる講座」（一般社団法人金融財政事情研究会）で学習していただき、顧客本位の業務運営マスターとして必要とされる知識・能力がどのくらい習得できたかを検証するために、本検定試験をご活用ください。

　本検定試験に合格され、「顧客本位の業務運営マスター」としてご活躍されることを期待しています。

2024年4月

一般社団法人　金融財政事情研究会

検定センター

◇刊行によせて◇

　国民の安定的な資産形成を図るためには、金融商品の販売、助言、商品開発、資産管理、運用等を行うすべての金融機関が、インベストメント・チェーンにおけるそれぞれの役割を認識し、顧客本位の業務運営を実践していくことが重要です。

　金融庁においては、2017年3月に策定・公表した「顧客本位の業務運営に関する原則」を基に金融機関が創意工夫を発揮し、ベスト・プラクティスを目指して顧客本位の良質な金融商品・サービスの提供を競い合っていただくよう取組みを進めてきました。

　当該原則を踏まえ、金融機関による顧客本位の業務運営は一定の進展が見られています。一方で、リスクが分かりにくく、コストが合理的でない可能性のある商品が推奨・販売されている事例や、顧客利益より販売促進を優先した金融商品の組成・管理が行われている事例など、商品組成・選定や説明のあり方、提案方法等に関する課題が指摘されています。

　こうしたなか、金融機関においては、顧客本位の業務運営を実践・推進していくため、

①顧客の最善の利益を図ることにより、自らの安定した顧客基盤と収益の確保につなげていくことを目指して、顧客本位の業務運営に関する方針（取組方針）の策定・公表を行ったうえで、

②顧客の意向・属性等を把握したうえで当該顧客にふさわしい金融商品・サービスの販売・推奨等を行うといった適切な販売・管理態勢の構築や、

③業績評価体系を含む、従業員に対する適切な動機づけの枠組み等の構築、

等を行い、その取組状況を検証し、取組みの改善やベスト・プラクティスを目指して定期的に取組方針を見直していくといったPDCAを回していくことが重要と考えます。

本検定試験を通じ、リスク性金融商品の組成・販売等に携わる金融機関の皆様において、

・顧客本位の業務運営への理解を深めたうえ、その確保に向けた取組みを更に進めていくこと、

・併せて、そういった取組みが積み重なる中で、顧客本位に基づく持続可能なビジネスの構築につながっていくこと、

を期待しています。

金融庁総合政策局リスク分析総括課コンダクト監理官

伊藤 公祐

◇◇目　次◇◇

第2章　顧客を理解する

第3章　販売責任を理解する

〈法令基準日〉

本書は、問題文に特に指示のない限り、2024年7月1日（基準日）現在施行の法令等に基づいて編集しています。

◇ CBTとは◇

　CBT（Computer Based Testing）とは、コンピュータを使用して実施する試験の総称で、パソコンに表示された試験問題にマウスやキーボードを使って解答します。金融業務能力検定は、一般社団法人金融財政事情研究会が、株式会社シー・ビー・ティ・ソリューションズの試験システムを利用して実施する試験です。CBTは、受験日時・テストセンター（受験会場）を受験者自らが指定できるとともに、試験終了後、その場で試験結果（合否）を知ることができるなどの特長があります。

本書に訂正等がある場合には、下記ウェブサイトに掲載いたします。

https://www.kinzai.jp/seigo/

〈凡　例〉

・金融サービス提供法…金融サービスの提供及び利用環境の整備等に関する法律

・景品表示法…不当景品類及び不当表示防止法

・障害者差別解消法…障害を理由とする差別の解消の推進に関する法律

「金融業務3級　顧客本位の業務運営コース」試験概要

　金融庁は 2017 年 3 月に「顧客本位の業務運営に関する原則」を公表し、金融機関は取組方針の策定・公表、方針に係る取組状況の定期的な公表等を通して、ベスト・プラクティスを目指すべく取り組んできました。さらなる、理解促進のためには、金融機関職員一人ひとりの取組みが重要です。本検定試験を通じて、顧客本位の業務運営、顧客、販売責任に係る知識・実務対応力を検証します。

■受験日・受験予約　　　通年実施。受験者ご自身が予約した日時・テストセンター（https://cbt-s.com/examinee/testcenter/）で受験していただきます。

■試験の対象者　　　　　金融機関（預貯金取扱金融機関、生命保険会社、証券会社等）の全職員
　　　　　　　　　　　　※受験資格は特にありません

■試験の範囲　　　　　　1．顧客本位の業務運営を理解する
　　　　　　　　　　　　2．顧客を理解する
　　　　　　　　　　　　3．販売責任を理解する

■試験時間　　　　　　　100 分　試験開始前に操作方法等の案内があります。

■出題形式　　　　　　　四答択一式 50 問

■合格基準　　　　　　　100 点満点で 60 点以上

■受験手数料（税込）　　5,500 円

■法令基準日　　　　　　問題文に特に指示のない限り、2024 年 7 月 1 日現在施行の法令等に基づくものとします。

■合格発表　　　　　　　試験終了後、その場で合否に係るスコアレポートが手交されます。合格者は、試験日の翌日以降、「顧客本位の業務運営マスター」の認定証をマイページから PDF 形式で出力できます。

■持込み品	携帯電話、筆記用具、計算機、参考書および六法等を含め、自席（パソコンブース）への私物の持込みは認められていません。テストセンターに設置されている鍵付きのロッカー等に保管していただきます。メモ用紙・筆記用具はテストセンターで貸し出されます。計算問題については、試験画面上に表示される電卓を利用することができます。
■受験教材	・本書 ・通信教育講座「顧客本位の業務運営（フィデューシャリー・デューティー）がよくわかる講座」（一般社団法人金融財政事情研究会）
■受験申込の変更・キャンセル	受験申込の変更・キャンセルは、受験日の3日前までマイページより行うことができます。受験日の2日前からは、受験申込の変更・キャンセルはいっさいできません。
■受験可能期間	受験可能期間は、受験申込日の3日後から当初受験申込日の1年後までとなります。受験可能期間中に受験（またはキャンセル）しないと、欠席となります。

※金融業務能力検定・サステナビリティ検定の最新情報は、一般社団法人金融財政事情研究会のWebサイト（https://www.kinzai.or.jp/kentei/news-kentei）でご確認ください。

◇**本書の企画協力・執筆　一覧**◇

七十七銀行
横浜銀行
中国銀行
福岡銀行
三井住友信託銀行
栃木銀行
第一生命保険株式会社
京都府立医科大学大学院
社会保険労務士　　　　　　　　　　　　　浅井美恵子
弁護士　　　　　　　　　　　　　　　　　覺道　佳優
金融アナリスト　　　　　　　　　　　　　永野　良佑
公認会計士　　　　　　　　　　　　　　　根岸　康夫

※金融機関コード順または五十音順（敬称略）

顧客本位の業務運営を理解する

1-1 ルールベースとプリンシプルベース①

《問》 ルールベースとプリンシプルベースの監督に関する次の記述のうち、最も適切なものはどれか。

1) 金融庁が「顧客本位の業務運営に関する原則」を策定したことをきっかけに、顧客本位の業務運営については、ルールベースの監督は完全に廃止され、全面的にプリンシプルベースに移行することとなった。

2) プリンシプルベースは、新しい金融サービスが登場するたびに規制する法令等を追加していく必要があること、法令等に違反さえしなければよいという最低基準（ミニマム・スタンダード）と解釈されがちで、金融サービスの向上に必ずしも結びつかない点が指摘されてきた。

3) プリンシプルベースの場合、金融事業者は設定された詳細なルールを個別事例に適用していくが、ルールベースの場合、よりよい取組みを行う金融事業者が顧客から選択されるメカニズムを実現するため、示されたいくつかの主要な原則に沿った金融事業者の自主的な取組みについて不断のブラッシュアップを求められることになる。

4) 金融庁「顧客本位の業務運営に関する原則」では、プリンシプルベースが採用されており、本原則の採択は、義務付けられたものではないが、金融庁は「顧客本位の業務運営を目指す金融事業者において幅広く採択されることを期待する」としている。

・解説と解答・

1) 不適切である。金融庁「顧客本位の業務運営に関する原則」でプリンシプルベースを導入することは、ルールベースの監督の廃止を意味するものではない。なお、金融機関の業務運営に欠かせない金融庁の監督指針は、行政部内の職員向けの手引書であるが、法令の解釈指針としても用いられている。一方、金融庁「顧客本位の業務運営に関する原則」（2021年1月改訂）には次の記載がある。「本原則は、金融事業者がとるべき行動について詳細に規定する「ルールベース・アプローチ」ではなく、金融事業者が各々の置かれた状況に応じて、形式ではなく実質において顧客本位の業務運営を実現することができるよう、「プリンシプルベース・アプローチ」を採用している。金融事業者は、本原則を外形的に遵守することに腐心するの

ではなく、その趣旨・精神を自ら咀嚼した上で、それを実践していくためにはどのような行動をとるべきかを適切に判断していくことが求められる。金融事業者が本原則を採択する場合には、顧客本位の業務運営を実現するための明確な方針を策定し、当該方針に基づいて業務運営を行うことが求められる。自らの状況等に照らして実施することが適切でないと考える原則があれば、一部の原則を実施しないことも想定しているが、その際には、それを「実施しない理由」等を十分に説明することが求められる」。

2) 不適切である。ルールベースの記述である。
3) 不適切である。ルールベースとプリンシプルベースの説明が逆である。
4) 適切である。

<u>正解 4)</u>

1-2 ルールベースとプリンシプルベース②

《問》 ルールベースとプリンシプルベースのアプローチに関する次の記述のうち、最も適切なものはどれか。

1) 金融庁の「マネー・ローンダリング及びテロ資金供与対策に関するガイドライン」は、プリンシプルベースのアプローチを採用している。

2) 金融庁の「顧客本位の業務運営に関する原則」は、プリンシプルベースのアプローチを採用している。

3) 東京証券取引所の「コーポレートガバナンス・コード」は、ルールベースのアプローチを採用している。

4) 「スチュワードシップ・コードに関する有識者検討会（令和元年度）」の「『責任ある機関投資家』の諸原則《日本版スチュワードシップ・コード》」は、ルールベースのアプローチを採用している。

・解説と解答・

1) 不適切である。「マネー・ローンダリング及びテロ資金供与対策に関するガイドライン」（2021年11月）は、「金融当局として、各金融機関等において「対応が求められる事項」「対応が期待される事項」を明確化するとともに、今後の当局としてのモニタリングのあり方等を示すものである」。「「対応が求められる事項」に係る措置が不十分であるなど、マネロン・テロ資金供与リスク管理態勢に問題があると認められる場合には、業態ごとに定められている監督指針等も踏まえながら、必要に応じ、報告徴求・業務改善命令等の法令に基づく行政対応を行い、金融機関等の管理態勢の改善を図る」こととされている。なお、同ガイドラインでは、「自らが直面しているリスク（顧客の業務に関するリスクを含む。）を適時・適切に特定・評価し、リスクに見合った低減措置を講ずること（いわゆる「リスクベース・アプローチ」）が不可欠である」としている。

2) 適切である。金融庁「顧客本位の業務運営に関する原則」（2021年1月改訂）は、「金融事業者が顧客本位の業務運営におけるベスト・プラクティスを目指す上で有用と考えられる原則を定めるものである」としている。

3) 不適切である。プリンシプルベースである。「コーポレートガバナンス・コード」（2021年6月）は、「実効的なコーポレートガバナンスの実現に資する

主要な原則を取りまとめたもの」であり、これらが適切に実践されること
は、それぞれの会社において持続的な成長と中長期的な企業価値の向上の
ための自律的な対応が図られることを通じて、会社、投資家、ひいては経
済全体の発展にも寄与することとなるものと考えられる。

4) 不適切である。プリンシプルベースである。「『責任ある機関投資家』の諸
原則 ≪日本版スチュワードシップ・コード≫」（2020年3月再改訂）は、「機
関投資家が、顧客・受益者と投資先企業の双方を視野に入れ、「責任ある
機関投資家」として当該スチュワードシップ責任を果たすに当たり有用と
考えられる諸原則を定めるもの」であり、本コードに沿って、機関投資家
が適切にスチュワードシップ責任を果たすことは、経済全体の成長にもつ
ながるものである。

<u>正解　2)</u>

1−3　コンダクト・リスク

《問》　コンダクト・リスクに関する次の記述のうち、最も不適切なものは
　　　どれか。

1)　これまで金融機関は、法令を越えた範囲で、その業務の公共性や社会
　　的役割に照らし、利用者保護や市場の公正・透明に積極的に寄与すべ
　　きとまでは考えられてこなかったことから、コンダクト・リスクは、
　　金融機関に対する新しい要請に関するリスクであるといえる。

2)　コンダクト・リスクが生じる場合をいくつか類型化すれば、金融機関
　　の役職員の行動等によって、①利用者保護に悪影響が生じる場合、②
　　市場の公正・透明に悪影響を与える場合、③客観的に外部への悪影響
　　が生じなくても、金融機関自身の風評に悪影響が生じ、それによって
　　リスクが生じる場合等が考えられる。

3)　法令として規律が整備されていないものの、①社会規範にもとる行為、
　　②商慣習や市場慣行に反する行為、③利用者の視点の欠如した行為等
　　により、結果として企業価値が大きく毀損されるリスクをコンダクト・
　　リスクという。

4)　金融・経済の激しい動きの中で、従来の法令による規制の枠組みでは
　　捉えられない、新たな金融商品や新しい取引手法・取引形態が登場し、
　　法令の整備に先立って経済活動が進行しているような場合に重大なリ
　　スクの見落としや見誤りが生じうる。

・解説と解答・

1)　不適切である。「従来から、金融機関は、その業務の公共性や社会的役割
　　に照らし、利用者保護や市場の公正・透明に積極的に寄与すべきと考えら
　　れてきた。したがって、コンダクト・リスクは、金融機関に対する上記の
　　ような社会的な期待等に応えられなかった場合に顕在化するリスクを、比
　　較的新しい言葉で言い換えているにすぎないと考えることもできる」（金
　　融庁「コンプライアンス・リスク管理に関する検査・監督の考え方と進め
　　方（コンプライアンス・リスク管理基本方針）」（2018年10月））。

2)　適切である（金融庁「コンプライアンス・リスク管理に関する検査・監督
　　の考え方と進め方（コンプライアンス・リスク管理基本方針）」（2018年10

月))。

3) 適切である。コンダクト・リスクの概念等については必ずしも共通の理解が形成されてはいないが、金融庁「コンプライアンス・リスク管理に関する検査・監督の考え方と進め方（コンプライアンス・リスク管理基本方針）」（2018年10月）では、「リスク管理の枠組みの中で捕捉及び把握されておらず、いわば盲点となっているリスクがないかを意識させることに意義があると考えられる。そのようなリスクは、法令として規律が整備されていないものの、①社会規範に悖（もと）る行為、②商慣習や市場慣行に反する行為、③利用者の視点の欠如した行為等につながり、結果として企業価値が大きく毀損される場合が少なくない。そのため、コンダクト・リスクという概念が、社会規範等からの逸脱により、利用者保護や市場の公正・透明の確保に影響を及ぼし、金融機関自身にも信用毀損や財務的負担を生ぜしめるリスクという点に力点を置いて用いられることもある」と記載されている。

4) 適切である（金融庁「コンプライアンス・リスク管理に関する検査・監督の考え方と進め方（コンプライアンス・リスク管理基本方針）」（2018年10月））。

<u>正解　1)</u>

1−4　コンプライアンス・リスク

《問》　金融機関がコンプライアンス・リスク管理を向上させていくための
重要な着眼点に関する次の記述のうち、最も適切なものはどれか。

1) コンプライアンス上の重大な問題事象は、ビジネスモデル・経営戦略
と表裏一体のものとして生じることが少なくなく、コンプライアンス・
リスクは、基本的にこれらに内在するとされている。

2) 経営陣がコンプライアンス・リスクを的確に認識し、正しい姿勢で経
営に臨んでいれば、必ず、組織として適切にコンプライアンス・リス
ク管理を行うことができるとされている。

3) 金融機関の役職員が共有する基本的な価値観・理念や行動規範、すな
わち企業文化は、コンプライアンス・リスクに大きな影響を及ぼすこ
とはないとされている。

4) 金融庁、日本銀行、各業界団体等を中心に、経営陣に対する牽制機能
が働く適切なガバナンス態勢を構築し、気づきを得ることが重要であ
るとされている。

・解説と解答・

1)　適切である。金融庁「コンプライアンス・リスク管理に関する検査・監督
の考え方と進め方（コンプライアンス・リスク管理基本方針）」（2018年10
月）では、「短期収益重視のメッセージを過度に発する等、事業部門の役
職員に無理な収益プレッシャーを与えてしまう結果、役職員が不適切な判
断や行動を行い、問題事象が生じる可能性がある。また、収益を拡大して
いる業務・部門において、事業の拡大・変化に内部管理態勢が追いつかず
問題事象が生じている可能性がある」といった事例を挙げている。

2)　不適切である。経営陣がコンプライアンス・リスクを的確に認識し、正し
い姿勢で経営に臨んでいたとしても、業務執行を行う役職員全員にこれが
浸透していなければ、組織として適切にコンプライアンス・リスク管理を
行うことはできない。金融庁「コンプライアンス・リスク管理に関する検
査・監督の考え方と進め方（コンプライアンス・リスク管理基本方針）」（2018
年10月）では、「まず、現場の職員が日々の業務において直接の指示を受け、
また人事評価の過程で第一次的な評価を受けるのは、中間管理者からであ

る。そこで、中間管理者には、経営陣が示した姿勢を自らの部署等の業務に合わせて具体的に理解し、日々の業務の中でそれを自ら体現することを通じて浸透させることが求められる」「次に、一般的に、人事・報酬制度は、個々の役職員へのインセンティブとして作用し、そのあり方は、役職員の行動に大きく影響を及ぼすものであることから、コンプライアンス・リスク管理と密接に関連するものであると言える。そのため、経営陣が示した姿勢やあるべき企業文化と整合的な形で人事・報酬制度を設計し、実際に運用することが重要となる」と指摘している。

3) 不適切である。金融庁「コンプライアンス・リスク管理に関する検査・監督の考え方と進め方（コンプライアンス・リスク管理基本方針）」（2018年10月）では、「企業文化は、コンプライアンス・リスク管理に関する経営陣や中間管理者の姿勢及び内部統制の仕組み全体に通じる、いわば屋台骨をなすものである。健全で風通しの良い企業文化が醸成されていればコンプライアンス・リスクの抑止に繋がる一方、収益至上主義あるいは権威主義の傾向を有する企業文化がコンプライアンス上の問題事象を誘発することもある」と指摘している。

4) 不適切である。「金融庁、日本銀行、各業界団体等を中心に、」ではなく、正しくは「社外取締役を含む取締役会、監査役（会）、監査等委員会、監査委員会等を中心に、」である。金融庁「コンプライアンス・リスク管理に関する検査・監督の考え方と進め方（コンプライアンス・リスク管理基本方針）」（2018年10月）では、「現実には、経営トップを含む経営陣や中間管理者自身が、あるべき姿勢を示すどころか、自ら不正の当事者となっている事案も少なくない。経営陣自身の不正の防止・是正に関しても、第三者的立場にある社外取締役等による実効的な監督・牽制等の重要性が認識されている」と指摘している。

<u>正解　1)</u>

1-5 利益相反①

《問》 利益相反に関する次の記述のうち、最も不適切なものはどれか。
1) 多くの患者を抱える病院の医師がある製薬会社の役員を兼任することは、利益相反に該当する可能性が高い。
2) ある会社の社長が所有する不動産を、当該会社に売却する取引は、利益相反に該当する可能性が高い。
3) ある離婚訴訟で夫側の代理人となった弁護士が、同時に妻側にアドバイスすることは、利益相反に該当する可能性が高い。
4) 投資信託のファンドマネジャーが所属する運用会社から、当該投資信託の運用資産の残高に比例した報酬を受け取ることは、利益相反に該当する可能性が高い。

・解説と解答・

　利益相反とは、一方が利益を得ると同時に、もう一方には不利益が生じる等、一方の利益と他方の利益、または顧客同士の利益が競合・対立する状況のことをいう。信頼失墜につながりかねない利益相反は、金融事業者が関わる取引に限らず、さまざまな取引の中で発生する可能性がある。
1) 適切である。ある製薬会社が販売する相対的に高価な医薬品を、当該医師が病院で大量に使用することによって、製薬会社は利益を得るが、患者は治療費負担が重くなる可能性がある。
2) 適切である。社長が市場価値以上の価格で当該会社に不動産を売却することによって、当該社長は利益を得るが、当該会社は高値で不動産を購入する可能性がある。
3) 適切である。夫側の代理人となった弁護士が、同時に妻側にアドバイスすることによって、夫側に利益を与える一方、妻側に不利益を与える可能性がある。
4) 不適切である。投資家の資産を増加させることは、運用会社の利益になることから、利益相反に該当する可能性は低い。

正解　4)

1-6　利益相反②

《問》　次の事例のうち、利益相反にならない事例として最も適切なものは
　　　どれか。
1) ある株式会社が当該会社の取締役に対して負っている債務について、
　　取締役が当該債務を免除する。
2) 事故を起こした自動車の修理を相談された損害保険会社の代理店が、
　　修理実績や修理費用とは無関係に、親戚の自動車修理会社を紹介する。
3) ある企業の人事担当者が採用審査において、本人の能力（成績・評価）
　　とは無関係に当該企業の取締役の縁故者を優先的に採用する。
4) 父の債務について未成年の子を保証人にする。

・解説と解答・

1) 利益相反にならない。株式会社の取締役の利益相反行為について規定して
　　いる会社法356条は、取締役が会社の利益を犠牲にして、自己または第三
　　者の利益を図るような取引について一定の規制を設けている。このように、
　　同条は、取締役が自己または第三者の利益を優先し、その結果会社の利益
　　が害されることを防止することを趣旨としているため、取締役の損失に
　　よって会社が利益を得るような類型の取引については同条の規制対象とは
　　ならない。その他に、取締役から会社への無利息・無担保の金銭貸付（い
　　わゆる社長借入）も利益相反とみなされない。
2) 利益相反になる。利益相反は自分の利益だけでなく、第三者のための行為
　　も含まれる。
3) 利益相反になる。2）の解説参照。
4) 利益相反になる。父の債務について未成年の子を保証人にすることは利益
　　相反となる（民法826条）。

<u>正解　1)</u>

1−7　利益相反③

《問》　利益相反等の説明に関する次の記述のうち、適切なものはいくつあるか。

a)　金融商品取引業等に関する内閣府令では、顧客の利益が不当に害されることのないよう、顧客の保護を適正に確保するための体制の整備として、対象取引（顧客の利益が不当に害されるおそれのある取引をいう。以下、同様）を行う部門と当該顧客との取引を行う部門を分離する方法、対象取引または当該顧客との取引の条件または方法を変更する方法、対象取引または当該顧客との取引を中止する方法等が示されている。

b)　金融商品取引業者等向けの総合的な監督指針では、利益相反管理の方法として、取引の条件もしくは方法の変更または一方の取引の中止の方法による管理を行う場合には、親金融機関等または子金融機関等の役員等が当該変更または中止の判断に関与する場合を含め、当該判断に関する権限および責任を明確にすることを求めている。

c)　金融商品取引業者等向けの総合的な監督指針では、利益相反管理の方法として、部門の分離による管理を行う場合には、当該部門間でチャイニーズウォール（情報管理のための組織上、物理上またはシステム上の障壁）が構築されていることを求めている。

1)　1つ
2)　2つ
3)　3つ
4)　0（なし）

・解説と解答・

a)　適切である（金融商品取引法36条2項、金融商品取引業等に関する内閣府令70条の4）。利益相反管理態勢整備義務を定めたものである。銀行法にも同様の義務が定められている。

b)　適切である（金融庁「金融商品取引業者等向けの総合的な監督指針」Ⅳ−1−3（3）利益相反管理の方法）。

c）　適切である（金融庁「金融商品取引業者等向けの総合的な監督指針」Ⅳ－
　　1－3（3）利益相反管理の方法）。
　　したがって、適切なものは3つである。

正解　3)

1－8　利益相反④

《問》　利益相反取引防止等を目的とした銀行・証券会社間のファイアー
　　　　ウォール規制に関する次の記述のうち、最も不適切なものはどれか。

1)　ファイアーウォール規制は、同一金融グループ内の銀行・証券会社間
　において、顧客からの同意のない、顧客の非公開情報の共有禁止等を
　行うものであり、同一金融グループ内において、銀行業・証券業を営
　むことが可能となった際に、証券会社間の公正な競争の確保、利益相
　反取引の防止等を確保するために設けられた。
2)　2002年、投資家が1つの店舗で銀行等・証券会社双方の金融サービス
　を受けることを可能とするため、親子関係にある銀行等・証券会社と
　の店舗の共用制限が撤廃された。
3)　ファイアーウォール規制が、本来の狙いとする行為を抑止するための
　措置としては、目的に照らして過大な規制となっているおそれがある
　とされ、2009年、役員の兼職規制が撤廃され（事後届出制）、法人顧
　客の非公開情報の授受についてオプトアウト制度等が導入された。
4)　銀行と証券会社の間では届出により役職員の兼職が認められている
　が、非公開情報を用いて業務を行う部門を兼職している役職員は、い
　ずれか一方の管理する非共有情報にしかアクセスできない等とされる
　規制「ホームベース・ルール」は、現在においても撤廃されていない。

・解説と解答・

1)　適切である。1993年に施行された金融制度改革法により、同一金融グルー
　プ内において、銀行業・証券業を営むことが可能となった。
2)　適切である。銀行等・証券会社の共同店舗において適切な誤認防止措置の
　実施に係る規律も導入されている。
3)　適切である。顧客の非公開情報等を共有する方法として、顧客の事前同意
　を得る方法を「オプトイン」、最初から情報を共有することを前提とし、
　顧客が共有を望まない意思表示をしない限り同意を得たものとみなし、顧
　客の事前同意を不要とする方法を「オプトアウト」という。
4)　不適切である。2022年の金融商品取引業者等向けの監督指針改正により、
　①いずれか一方の管理する非共有情報にしかアクセスできない、②非共有

情報にアクセスできない方の法人の顧客に非共有情報を用いて取引勧誘を行ってはならないといった、いわゆる「ホームベース・ルール」は撤廃された。ただし、改正後においても、兼職している役職員が無制限に非共有情報を利用することはできず、非共有情報を利用して、非共有情報にアクセスできない方の法人等の役職員として、顧客に対する勧誘等を行うことは認められていない。

<u>正解　4)</u>

1−9　利益相反⑤

《問》　銀行のアームズ・レングス・ルールに関する次の記述のうち、最も
　　　　適切なものはどれか。

1) アームズ・レングス・ルールは、銀行と銀行グループ内会社等との利
益相反取引を通じて銀行経営の健全性が損なわれること等を防止する
ための規定である。

2) かつてアームズ・レングス・ルールに抵触する行為は禁止され例外は
なかったが、2016年の改正により緩和され、当該行為を行うやむを得
ない事由があり、かつ、金融庁への報告があれば実行できるようになっ
た。

3) 監督指針では、アームズ・レングス・ルールに抵触する取引の例とし
て、①市場水準に応じた賃料・手数料引上げ、②金利減免、金利支払
猶予、③債権放棄、DES（デット・エクイティ・スワップ）、④特定
関係者が債務超過である場合等における増資等の引受け、が示されて
いる。

4) 監督指針では、アームズ・レングス・ルールの例外として承認される
際に留意すべき項目として、銀行が特定関係者との間で当該取引また
は行為を行わなければ今後より大きな損失を被る可能性がわずかでも
あるか、経営危機に陥り再建支援の必要な状況であるか、等が示され
ている。

・解説と解答・

1) 適切である（金融庁「中小・地域金融機関向けの総合的な監督指針」Ⅲ−
4−5 アームズ・レングス・ルール）。「金融グループにおけるアームズ・
レングス・ルールは、同じ金融グループに所属する銀行、信託銀行や証券
会社などの間における取引に関するルールであり、その名が示すとおり、
だれに対しても同じ手の長さを保つということを意味する。契約法におい
ては、たとえ親密な関係にある者の間においても、独立当事者間で行われ
るものと同様の公平な契約を締結すべきとするルールである」（「金融機関
の法務対策6000講」（金融財政事情研究会刊））。金融商品取引法、銀行法
で規定されている。

2)　不適切である。「金融庁への報告」ではなく、正しくは「内閣総理大臣の承認」である（銀行法13条の2ただし書き）。

3)　不適切である。①賃料・手数料減免が正しい。なお、金融支援の一環として、合理的な再建計画に基づいて行われる既往債務の株式化を、一般的にデット・エクイティ・スワップ（DES）と呼ぶ。債権者からみると「既往貸出金債権を債務者株式に振り替えること」である（「金融機関の法務対策6000講」（金融財政事情研究会刊））。

4)　不適切である。損失を被ることになることが社会通念上明らかであるか、が正しい。

<u>正解　1)</u>

1-10 「顧客本位の業務運営に関する原則」①

《問》 次の文章は金融庁「顧客本位の業務運営に関する原則」（2021年1月改訂）の「経緯及び背景」の一部である。下線部①〜④のうち、最も不適切なものはどれか。

－これまで、金融商品の分かりやすさの向上や、利益相反管理体制の整備といった目的で法令改正等が行われ、投資者保護のための取組みが進められてきたが、①一方で、これらが最低基準（ミニマム・スタンダード）となり、金融事業者による形式的・画一的な対応を助長してきた面も指摘できる。

－②より広範囲の目的に沿った法制度を整備し、ベスト・プラクティスを目指して顧客本位の良質な金融商品・サービスの提供を競い合い、より良い取組みを行う金融事業者が顧客から選択されていくメカニズムの実現が望ましい。

－そのためには、③従来型のルールベースでの対応のみを重ねるのではなく、プリンシプルベースのアプローチを用いることが有効であると考えられる。具体的には、④当局において、顧客本位の業務運営に関する原則を策定し、金融事業者に受け入れを呼びかけ、金融事業者が、原則を踏まえて何が顧客のためになるかを真剣に考え、横並びに陥ることなく、より良い金融商品・サービスの提供を競い合うよう促していくことが適当である。

1) 下線部①
2) 下線部②
3) 下線部③
4) 下線部④

・解説と解答・

「顧客本位の業務運営に関する原則」は2017年に策定され、2021年1月に改訂されている。改訂にあたっては、本原則の具体的内容の充実や金融事業者の取組の「見える化」の促進などに関する議論があった。

1)　適切である。
2)　不適切である。「より広範囲の目的に沿った法制度を整備し、」ではなく、正しくは「本来、金融事業者が自ら主体的に創意工夫を発揮し、」である。
3)　適切である。
4)　適切である。

<u>正解　2)</u>

1-11 「顧客本位の業務運営に関する原則」②

《問》 次の文章は金融庁「顧客本位の業務運営に関する原則」（2021年1月改訂）の一部である。以下の文中の空欄①～③に入る語句の組合せとして、次のうち最も適切なものはどれか。

本原則の目的

　本原則は、上記市場ワーキング・グループの提言を踏まえ、金融事業者が顧客本位の業務運営における（　①　）を目指す上で有用と考えられる原則を定めるものである。

本原則の対象

　本原則では、「金融事業者」という用語を特に定義していない。顧客本位の業務運営を目指す金融事業者において幅広く採択されることを期待する。

本原則の採用するアプローチ

　本原則は、金融事業者がとるべき行動について詳細に規定する「ルールベース・アプローチ」ではなく、金融事業者が各々の置かれた状況に応じて、形式ではなく実質において顧客本位の業務運営を実現することができるよう、「（　②　）」を採用している。金融事業者は、本原則を外形的に遵守することに腐心するのではなく、その趣旨・精神を自ら咀嚼した上で、それを実践していくためにはどのような行動をとるべきかを適切に判断していくことが求められる。金融事業者が本原則を採択する場合には、顧客本位の業務運営を実現するための明確な方針を策定し、当該方針に基づいて業務運営を行うことが求められる。自らの状況等に照らして実施することが適切でないと考える原則があれば、一部の原則を（　③　）ことも想定しているが、その際には、それを「（③）理由」等を十分に説明することが求められる。

1) ①ベスト・プラクティス　②プリンシプルベース・アプローチ
　③実施しない

2) ①ベスト・プラクティス　②リスクベース・アプローチ
　③延期する

3) ①コンプライアンス向上　②プリンシプルベース・アプローチ

```
　　③延期する
4）　①コンプライアンス向上　②リスクベース・アプローチ
　　③実施しない
```

・解説と解答・

①ベスト・プラクティス
②プリンシプルベース・アプローチ
③実施しない
　したがって、1）が適切である。
　ベスト・プラクティスとは、最善の方法や事例のことをいう。金融行政におけるルールベース・アプローチとは、詳細なルールを設定し、それを個別事例に適用していく監督手法をいう。プリンシプルベース・アプローチとは、いくつかの主要な原則を示し、それに沿った金融機関の自主的な取組みを促す監督手法をいう。

正解　1）

1−12 「顧客本位の業務運営に関する原則」③

《問》 次の文章は金融庁「顧客本位の業務運営に関する原則」（2021年
1月改訂）の原則1および原則2の抜粋である。下線部①〜④のう
ち、最も不適切なものはどれか。

【顧客本位の業務運営に関する方針の策定・公表等】

原則1．①金融事業者は、顧客本位の業務運営を実現するための明
確な方針を策定・公表するとともに、当該方針に係る取組状況を定期
的に公表すべきである。当該方針は、より良い業務運営を実現するた
め、定期的に見直されるべきである。

（注）②金融事業者は、顧客本位の業務運営に関する方針を策定す
る際には、取引の直接の相手方としての顧客を念頭に置くべきであり、
インベストメント・チェーンにおける最終受益者としての顧客は念頭
に置く必要はない。

【顧客の最善の利益の追求】

原則2．③金融事業者は、高度の専門性と職業倫理を保持し、顧客
に対して誠実・公正に業務を行い、顧客の最善の利益を図るべきであ
る。金融事業者は、こうした業務運営が企業文化として定着するよう
努めるべきである。

（注）④金融事業者は、顧客との取引に際し、顧客本位の良質なサー
ビスを提供し、顧客の最善の利益を図ることにより、自らの安定した
顧客基盤と収益の確保につなげていくことを目指すべきである。

---

1) 下線部①
2) 下線部②
3) 下線部③
4) 下線部④

・解説と解答・

1) 適切である
2) 不適切である。「金融事業者は、顧客本位の業務運営に関する方針を策定

する際には、取引の直接の相手方としての顧客を念頭に置くべきであり、インベストメント・チェーンにおける最終受益者としての顧客は念頭に置く必要はない」ではなく、正しくは「金融業者は、顧客本位の業務運営に関する方針を策定する際には、取引の直接の相手方としての顧客だけでなく、インベストメント・チェーンにおける最終受益者としての顧客をも念頭に置くべきである」である。

3)　適切である。

4)　適切である。

正解　2)

1−13 「顧客本位の業務運営に関する原則」④

《問》 次の文章は金融庁「顧客本位の業務運営に関する原則」（2021年1月改訂）の原則3および原則4の抜粋である。以下の文中の空欄①〜③に入る語句の組合せとして、次のうち最も適切なものはどれか。

【利益相反の適切な管理】
　原則3．金融事業者は、取引における顧客との利益相反の可能性について正確に把握し、利益相反の可能性がある場合には、当該利益相反を適切に管理すべきである。金融事業者は、そのための具体的な対応方針をあらかじめ策定すべきである。
　（注）金融事業者は、利益相反の可能性を判断するに当たって、例えば、以下の事情が取引又は業務に及ぼす影響についても考慮すべきである。
・販売会社が、金融商品の顧客への販売・推奨等に伴って、当該商品の提供会社から、（　①　）を受ける場合
・販売会社が、（　②　）別の会社から提供を受けた商品を販売・推奨等する場合
・同一主体又はグループ内に法人営業部門と運用部門を有しており、当該運用部門が、資産の運用先に法人営業部門が取引関係等を有する企業を選ぶ場合

【手数料等の明確化】
　原則4．金融事業者は、名目を問わず、顧客が負担する手数料その他の費用の詳細を、当該手数料等が（　③　）、顧客が理解できるよう情報提供すべきである。

1) ①委託手数料等の支払　②同一グループに属する
　　③どのようなサービスの対価に関するものかを含め
2) ①販促人材の派遣　　　②同一グループに属する
　　③一定の水準を超えた場合には
3) ①委託手数料等の支払　②同一グループに属さない
　　③一定の水準を超えた場合には
4) ①販促人材の派遣　　　②同一グループに属さない
　　③どのようなサービスの対価に関するものかを含め

・解説と解答・

①委託手数料等の支払

②同一グループに属する

③どのようなサービスの対価に関するものかを含め

　したがって、1）が適切である。

正解　1）

1−14 「顧客本位の業務運営に関する原則」⑤

《問》 次の文章は金融庁「顧客本位の業務運営に関する原則」（2021年1月改訂）の原則5の抜粋である。下線部①〜④のうち、最も不適切なものはどれか。

【重要な情報の分かりやすい提供】
　原則5．金融事業者は、顧客との情報の非対称性があることを踏まえ、上記原則4に示された事項のほか、金融商品・サービスの販売・推奨等に係る重要な情報を顧客が理解できるよう分かりやすく提供すべきである。
　（注1）重要な情報には以下の内容が含まれるべきである。
・①顧客に対して販売・推奨等を行う金融商品・サービスの基本的な利益（リターン）、損失その他のリスク、取引条件
・②顧客に対して販売・推奨等を行う金融商品の組成に携わる金融事業者が想定する顧客1人あたりの販売金額
・顧客に対して販売・推奨等を行う金融商品・サービスの選定理由（顧客のニーズ及び意向を踏まえたものであると判断する理由を含む）
・③顧客に販売・推奨等を行う金融商品・サービスについて、顧客との利益相反の可能性がある場合には、その具体的内容（第三者から受け取る手数料等を含む）及びこれが取引又は業務に及ぼす影響
　（注2）④金融事業者は、複数の金融商品・サービスをパッケージとして販売・推奨等する場合には、個別に購入することが可能であるか否かを顧客に示すとともに、パッケージ化する場合としない場合を顧客が比較することが可能となるよう、それぞれの重要な情報について提供すべきである（（注2）〜（注5）は手数料等の情報を提供する場合においても同じ）。

1)　下線部①
2)　下線部②
3)　下線部③
4)　下線部④

・解説と解答・

1)　適切である。
2)　不適切である。「顧客に対して販売・推奨等を行う金融商品の組成に携わる金融事業者が想定する1人あたりの販売金額」ではなく、正しくは「顧客に対して販売・推奨等を行う金融商品の組成に携わる金融事業者が販売対象として想定する顧客属性」である。
3)　適切である。
4)　適切である。
　なお、原則5のその他の（注）は次のとおり。
（注3）金融事業者は、顧客の取引経験や金融知識を考慮の上、明確、平易であって、誤解を招くことのない誠実な内容の情報提供を行うべきである。
（注4）金融事業者は、顧客に対して販売・推奨等を行う金融商品・サービスの複雑さに見合った情報提供を、分かりやすく行うべきである。単純でリスクの低い商品の販売・推奨等を行う場合には簡潔な情報提供とする一方、複雑又はリスクの高い商品の販売・推奨等を行う場合には、顧客において同種の商品の内容と比較することが容易となるように配意した資料を用いつつ、リスクとリターンの関係など基本的な構造を含め、より分かりやすく丁寧な情報提供がなされるよう工夫すべきである。
（注5）金融事業者は、顧客に対して情報を提供する際には、情報を重要性に応じて区別し、より重要な情報については特に強調するなどして顧客の注意を促すべきである。

正解　2)

1-15 「顧客本位の業務運営に関する原則」⑥

《問》 次の文章は金融庁「顧客本位の業務運営に関する原則」（2021年1月改訂）の原則6および原則7の抜粋である。以下の文中の空欄①～③に入る語句の組合せとして、次のうち最も適切なものはどれか。

【顧客にふさわしいサービスの提供】

原則6. 金融事業者は、顧客の資産状況、取引経験、知識及び取引目的・ニーズを把握し、当該顧客にふさわしい金融商品・サービスの組成、販売・推奨等を行うべきである。

（注1）金融事業者は、金融商品・サービスの販売・推奨等に関し、以下の点に留意すべきである。

・顧客の意向を確認した上で、まず、（ ① ）目標資産額や安全資産と投資性資産の適切な割合を検討し、それに基づき、具体的な金融商品・サービスの提案を行うこと

・具体的な金融商品・サービスの提案は、自らが取り扱う金融商品・サービスについて、（ ② ）、類似商品・サービスや代替商品・サービスの内容（手数料を含む）と比較しながら行うこと

・金融商品・サービスの販売後において、顧客の意向に基づき、長期的な視点にも配慮した適切なフォローアップを行うこと

（中略）

【従業員に対する適切な動機づけの枠組み等】

原則7. 金融事業者は、顧客の最善の利益を追求するための行動、顧客の公正な取扱い、利益相反の適切な管理等を促進するように設計された（ ③ ）、従業員研修その他の適切な動機づけの枠組みや適切なガバナンス体制を整備すべきである。

1) ①顧客のライフプラン等を踏まえた　②自らが属する業法の中で
　 ③内部監査規程

2) ①年代別平均貯蓄額を参考とした　②各業法の枠を超えて横断的に
　 ③内部監査規程

3) ①顧客のライフプラン等を踏まえた　②各業法の枠を超えて横断的に

　　　③報酬・業績評価体系
4)　①年代別平均貯蓄額を参考とした　　②自らが属する業法の中で
　　　③報酬・業績評価体系

・解説と解答・

①顧客のライフプラン等を踏まえた
②各業法の枠を超えて横断的に
③報酬・業績評価体系
　したがって、3) が適切である。
　なお、原則 6 のその他の（注）は次のとおり。
（注 2）金融事業者は、複数の金融商品・サービスをパッケージとして販売・
　　　推奨等する場合には、当該パッケージ全体が当該顧客にふさわしいかにつ
　　　いて留意すべきである。
（注 3）金融商品の組成に携わる金融事業者は、商品の組成に当たり、商品の
　　　特性を踏まえて、販売対象として想定する顧客属性を特定・公表するとと
　　　もに、商品の販売に携わる金融事業者においてそれに沿った販売がなされ
　　　るよう留意すべきである。
（注 4）金融事業者は、特に、複雑又はリスクの高い金融商品の販売・推奨等
　　　を行う場合や、金融取引被害を受けやすい属性の顧客グループに対して商
　　　品の販売・推奨等を行う場合には、商品や顧客の属性に応じ、当該商品の
　　　販売・推奨等が適当かより慎重に審査すべきである。
（注 5）金融事業者は、従業員がその取り扱う金融商品の仕組み等に係る理解
　　　を深めるよう努めるとともに、顧客に対して、その属性に応じ、金融取引
　　　に関する基本的な知識を得られるための情報提供を積極的に行うべきであ
　　　る。
　なお、原則 7 の（注）は次のとおり。
（注）金融事業者は、各原則（これらに付されている注を含む）に関して実施
　　　する内容及び実施しない代わりに講じる代替策の内容について、これらに
　　　携わる従業員に周知するとともに、当該従業員の業務を支援・検証するた
　　　めの体制を整備すべきである。

<u>正解　3)</u>

1-16 「比較可能な共通KPI」①

《問》 金融事業者のKPI（評価指標）に関する次の記述のうち、最も適切なものはどれか。

1) 金融庁は、金融事業者の取組みの「見える化」を促進する観点から、顧客本位の業務運営の定着度合いを客観的に評価できるようにするためのKPIを取組方針等に盛り込むよう働きかけを行ってきた。

2) 「投資信託の販売会社における比較可能な共通KPI」として採用されている指標は、①投資信託預り残高上位20銘柄のコスト・リターン、②投資信託預り残高上位20銘柄のリスク・リターンの2つのみである。

3) KPIは、第三者が比較できるように金融庁が示した統一的なもの（比較可能な共通KPI）に限定されている。

4) 「投資信託の販売会社における比較可能な共通KPI」において、リターンに関する指標が含まれているが、リターンの良し悪しは金融事業者の業務努力だけではなく、市況や顧客の投資行動などにも大きく左右されることから、直接的に金融事業者を比較する指標とはならないことに留意すべきである。

・解説と解答・

1) 適切である（金融庁「投資信託の販売会社における比較可能な共通KPIについて」（2018年6月））。金融事業者によるKPIの自主的な設定・公表を通じて、「見える化」は一定程度進んできたが、顧客が自主的なKPIを用いて金融商品等を提供する金融事業者を選ぶことは容易ではないとの課題が生じたため、第三者が比較できる統一的な情報として、金融庁から「投資信託の販売会社における比較可能な共通KPI」が示されることになった。

2) 不適切である（金融庁「投資信託の販売会社における比較可能な共通KPIについて」（2018年6月））。運用損益別顧客比率を含めた3つの指標が採用されている。①運用損益別顧客比率は、投資信託を保有している顧客について、基準日時点の保有投資信託に係る購入時以降の累積の運用損益（手数料控除後）を算出し、運用損益別に顧客比率を示した指標である。この指標により、個々の顧客が保有している投資信託について、購入時以降どれくらいのリターンが生じているか見ることができる。②投資信託預り残

高上位20銘柄のコスト・リターンおよび③投資信託預り残高上位20銘柄の
リスク・リターンは、設定後 5 年以上の投資信託の預り残高上位20銘柄に
ついて、銘柄ごとおよび預り残高加重平均のコストとリターンの関係、リ
スクとリターンの関係を示した指標である。これらの指標により、中長期
的に、金融事業者がどのようなリターン実績を持つ商品を顧客に多く提供
してきたかを見ることができる。

3)　不適切である（金融庁「投資信託の販売会社における比較可能な共通KPI
について」（2018年 6 月））。金融事業者が設定した自主的なKPIもある。

4)　不適切である（金融庁「投資信託の販売会社における比較可能な共通KPI
について」（2018年 6 月））。「リターンに関する指標で金融事業者を評価す
ることに関しては、リターンの良し悪しは金融事業者の業務努力だけでは
なく、市況や顧客の投資行動などにも大きく左右されるなどの指摘がある
が、市況に関する影響は全ての金融事業者が同様に受けるものであり、こ
れらの指標によって金融事業者の状況を相互に比較することは可能である
と考えられる」。

正解　1)

1-17 「比較可能な共通KPI」②

《問》 金融庁が示した「投資信託の販売会社における比較可能な共通KPI（評価指標）」および「外貨建保険の販売会社における比較可能な共通KPI」に関する次の記述のうち、最も不適切なものはどれか。

1) 「投資信託の販売会社における比較可能な共通KPI」の1つである、運用損益別顧客比率は、個々の顧客が保有している投資信託について、購入時以降どれくらいのリターンが生じているかを見ることができるものである。

2) 「投資信託の販売会社における比較可能な共通KPI」の1つである、投資信託預り残高上位20銘柄のコスト・リターンおよび、投資信託預り残高上位20銘柄のリスク・リターンは、中長期的に、金融事業者がどのようなリターン実績を持つ商品を顧客に多く提供してきたかを見ることができるものである。

3) 「外貨建保険の販売会社における比較可能な共通KPI」は、投資信託と類似の機能を有する金融商品として比較推奨が行われている外貨建保険について、投資信託の共通KPIと同様の基準で定義した指標として公表され、投資信託と単純比較が可能となった。

4) 「外貨建保険の販売会社における比較可能な共通KPI」における、銘柄別コスト・リターンは、外貨建て保険の各銘柄について、平均コストと平均リターンをプロットしたものである。

・解説と解答・

1) 適切である（金融庁「投資信託の販売会社における比較可能な共通KPIについて」（2018年6月））。運用損益別顧客比率は、投資信託を保有している顧客について、基準日時点の保有投資信託に係る購入時以降の累積の運用損益（手数料控除後）を算出し、運用損益別に顧客比率を示した指標である。この指標により、個々の顧客が保有している投資信託について、購入時以降どれくらいのリターンが生じているか見ることができる。

2) 適切である（金融庁「投資信託の販売会社における比較可能な共通KPIについて」（2018年6月））。投資信託預り残高上位20銘柄のコスト・リターンおよび、投資信託預り残高上位20銘柄のリスク・リターンは、設定後5

年以上の投資信託の預り残高上位20銘柄について、銘柄ごとおよび預り残高加重平均のコストとリターンの関係、リスクとリターンの関係を示した指標である。これらの指標により、中長期的に、金融事業者がどのようなリターン実績を持つ商品を顧客に多く提供してきたかを見ることができる。

3)　不適切である（金融庁「外貨建保険の販売会社における比較可能な共通KPIについて」（2022年1月））。「外貨建保険の販売会社における比較可能な共通KPI」は、運用評価別顧客比率および銘柄別コスト・リターンの2つであり、投資信託と類似の機能を有する金融商品として比較推奨が行われている外貨建て保険についても、投資信託の共通KPIと同様の基準で定義した指標として公表された。保険は投資信託とは異なり保障機能を有するものの、2つの指標には同機能が反映されていないため、2つの指標のみをもって投資信託と単純に比較することは必ずしも適切ではない。

4)　適切である（金融庁「外貨建保険の共通KPIに関する分析」（2022年1月））。「外貨建保険の販売会社における比較可能な共通KPI」は、運用評価別顧客比率および銘柄別コスト・リターンの2つである。なお、運用評価別顧客比率は、基準日に外貨建て保険を保有している各顧客について、購入時以降のリターンを算出し、全顧客を100％とした場合のリターン別の顧客分布を示したものである。

正解　3)

1-18　顧客本位の業務運営、好事例分析①

《問》　次の文章は、金融庁「顧客本位の業務運営の取組方針等に係る金融庁における好事例分析に当たってのポイント」（2021年4月）（以下、本文書という）における、原則4【手数料等の明確化】についての分析のポイントである。下線部㋐～㋓のうち、最も不適切なものはどれか。なお、本文書は、金融庁が金融事業者の好事例等の比較分析を行う際の分析のポイントをまとめたものである。

【手数料等の明確化】
　原則4．金融事業者は、名目を問わず、顧客が負担する手数料その他の費用の詳細を、当該手数料等がどのようなサービスの対価に関するものかを含め、顧客が理解できるよう情報提供すべきである。

【ポイント】
(a) 取扱いのある金融商品・サービスについて、㋐顧客が負担する手数料その他の費用の詳細（どのようなサービスの対価に関するものかを含む）や、手数料その他の費用の体系・設定の考え方が具体的に示されている。
(b) 取扱いのある金融商品・サービスのうち、顧客に対し、㋑手数料その他の費用の詳細を示しているものが、具体的に示されている（または示していないものが示されている）。
(c) ㋒手数料その他の費用の詳細について、顧客へ情報提供する際に用いる資料や説明方法等が具体的に示されている。
(d) 顧客がニーズに沿った商品を選択できるような情報提供の仕組みが示されている。例えば、①同一あるいは類似の商品について、対面・非対面等の販売態様で、手数料その他の費用の詳細が異なる場合、㋓②同一のベンチマークと連動した成果を目指すインデックスファンドについて、販売手数料率や信託報酬率が異なる複数の商品が取り扱われている場合に、顧客の選択に資する情報提供の仕組みが示されている。

1)　下線部㋐
2)　下線部㋑

3)　下線部⑦
4)　下線部㊀

・解説と解答・

　「本文書は、これまでに金融事業者が公表している取組方針等に基づく金融事業者との対話等を踏まえ、今後、金融庁において好事例の比較分析を行う際に、分析のポイントと考えられる事項をまとめたものであり、金融事業者における取組方針等の検討にも資すると考えられることから、公表するものである」。金融庁「顧客本位の業務運営に関する原則」(2021年1月改訂)は、形式ではなく実質において顧客本位の業務運営を実現することができるよう、「プリンシプルベース・アプローチ」を採用していることから、「取組方針等に記載する内容についても、各金融事業者において、規模特性に応じて、自ら実現しようとする顧客本位の業務運営に向けた取組みを踏まえ、どう発信すれば顧客に分かりやすい情報となるかという観点から検討されることを期待する」と記載されている。
1)　適切である。
2)　不適切である。「または示していないものが示されている」ではなく、正しくは「または示していないもの及びその理由が示されている」である。
3)　適切である。
4)　適切である。

正解　2)

1-19　顧客本位の業務運営、好事例分析②

《問》　次の文章は、金融庁「顧客本位の業務運営の取組方針等に係る金融庁における好事例分析に当たってのポイント」（2021年4月）（以下、本文書という）における、原則6【顧客にふさわしいサービスの提供】についての分析のポイントである。下線部①～④のうち、最も不適切なものはどれか。なお、本文書は、金融庁が金融事業者の好事例等の比較分析を行う際の分析のポイントをまとめたものである。

【顧客にふさわしいサービスの提供】
　　原則6．金融事業者は、顧客の資産状況、取引経験、知識及び取引目的・ニーズを把握し、当該顧客にふさわしい金融商品・サービスの組成、販売・推奨等を行うべきである。

【ポイント】

(a) 顧客の資産状況、取引経験、知識及び取引目的・ニーズ等、顧客にふさわしい金融商品・サービスの提供のために把握する情報が具体的に示されている。

(b) 顧客にふさわしい金融商品・サービスを提供する観点から、商品ラインアップの整備の考え方が具体的に示されている。

(c) 当該商品ラインアップの整備に関し、商品の選定および改廃に係る審査基準や審査プロセスが具体的に示されている。

(d) 当該商品ラインアップの整備に関し、①個別の商品の選定および改廃に係る結果が具体的に示されている。

(e) ②販売対象として想定する顧客属性を特定・公表するにあたり、その考え方を具体化した基準を用意し、一貫性をもって想定する顧客属性を特定・公表できる仕組みが示されている。

(f) 顧客に販売・推奨等を行った商品や、当該商品の販売・推奨等の方法が、③法令に準拠していることを確認・検証するための方法や基準等が具体的に示されている。

(g) 金融商品・サービスの販売後において行うフォローアップについて、どのような場合に実施するか・目的・内容等が具体的に示されている。

（h）複雑又はリスクの高い金融商品の販売・推奨等を行う場合や、④<u>金融取引被害を受けやすい属性の顧客グループに対して商品の販売・推奨等を行う場合に、それが適当かを審査する仕組みが具体的に示されている。</u>

（i）複雑又はリスクの高い金融商品の販売・推奨等を行う場合や、金融取引被害を受けやすい属性の顧客グループに対して商品の販売・推奨等を行う場合に、それが適当かを審査するに当たっての判断基準を検討する仕組みが具体的に示されている。

（j）顧客に対し、属性に応じて金融取引に関する基本的な知識を得られるための情報提供の具体的な取組みと実績が示されている。

（k）上記（a）～（j）の取組み等について、成果や進捗を検証し、評価する仕組みが示されている。

1）　下線部①
2）　下線部②
3）　下線部③
4）　下線部④

・解説と解答・

1）　適切である。
2）　適切である。
3）　不適切である。「法令に準拠していること」ではなく、正しくは「顧客にふさわしいものであること」である。
4）　適切である。

正解　3）

1-20 「重要情報シート」の活用①

《問》 金融庁「顧客本位の業務運営に関する原則」（2021年1月改訂）
の原則5【重要な情報の分かりやすい提供】に関連する「重要情報
シート」に関する次の記述のうち、最も適切なものはどれか。
1) 「重要情報シート」は、原則5【重要な情報の分かりやすい提供】へ
の対応として、活用が期待されているツールである。
2) 「重要情報シート」には顧客に対する簡潔な情報提供のほか、各業態
内に限定した複数の商品比較を容易にする効果も期待されている。
3) 「重要情報シート」の作成主体は、基本的には金融庁であるが、「商品
の組成に携わる事業者が想定する購入層」など項目に応じて組成に携
わる事業者と連携しつつ作成する。
4) 「重要情報シート」は、商品を顧客に提案する場面において用いられ
ることを想定しており、顧客が商品を選別する際に利用することは望
ましくないとされている。

・解説と解答・

1) 適切である。「重要情報シート」は、原則5【重要な情報の分かりやすい
提供】の（注4）への対応として、活用が期待されている。（注4）は次
の通りである。「金融事業者は、顧客に対して販売・推奨等を行う金融商品・
サービスの複雑さに見合った情報提供を、分かりやすく行うべきである。
単純でリスクの低い商品の販売・推奨等を行う場合には簡潔な情報提供と
する一方、複雑又はリスクの高い商品の販売・推奨等を行う場合には、顧
客において同種の商品の内容と比較することが容易となるように配意した
資料を用いつつ、リスクとリターンの関係など基本的な構造を含め、より
分かりやすく丁寧な情報提供がなされるよう工夫すべきである」。
「重要情報シート」には、顧客に対する簡潔な情報提供のほか、各業態の
枠を超えた多様な商品の比較を容易にする効果も期待されている。こうし
た目的を実現するため、「重要情報シート」が一定の目線に沿って作成・
活用されることが効果的と考えられる。金融庁では、金融事業者が「重要
情報シート」を作成・活用する際に参考となると思われる目線や今後考え
られるベスト・プラクティスの例を「「重要情報シート」を作成・活用す

る際の手引き」（2021年5月）としてまとめている。金融庁が公表している「重要情報シート」のひな形（例示）は、①金融事業者編（会社の基本情報（社名や加入協会など）、取扱商品、商品ラインアップの考え方（商品選定のコンセプトや留意点）、苦情・相談窓口）と、②個別商品編（商品等の内容、リスクと運用実績、費用、換金・解約の条件、当社の利益とお客様の利益が反する可能性、租税の概要など）がある。

2) 不適切である。「各業態内に限定した複数の商品比較を容易にする効果も期待」ではなく、正しくは「各業態の枠を超えた多様な商品の比較を容易にする効果も期待」である。

3) 不適切である。作成主体は、基本的には金融商品・サービスの販売業者・仲介業者である。

4) 不適切である。「重要情報シート」は、商品を顧客に提案し、または顧客がこれを選別する場面において用いられることを想定している。

<u>正解　1）</u>

1-21 「重要情報シート」の活用②

《問》 金融庁「顧客本位の業務運営に関する原則」（2021年1月改訂）の原則5【重要な情報の分かりやすい提供】に関連する「重要情報シート」に関する次の記述のうち、最も不適切なものはどれか。

1) 金融庁ウェブサイトで公表している「重要情報シート」内に記載された記載内容は1つの例示であり、各金融事業者において、「該当なし」となる項目については削除するなど各事業者の創意工夫が求められている。

2) 「重要情報シート」の金融事業者編のひな形に記載がある「商品ラインナップの考え方」は、顧客が自らの投資目的にかなった商品を取り扱う業者にアクセスできるよう、商品選定のコンセプトや留意すべき制約等を簡潔に明示するものである。

3) 「重要情報シート」の個別商品編のひな形に記載がある「商品組成に携わる事業者が想定する購入層」の欄は、投資目的（顧客への情報提供として資する場合は推奨される投資維持期間も含む）およびリスク許容度に関する内容を軸として、商品の組成に携わる事業者の認識を記載するものである。

4) 「重要情報シート」の個別商品編のひな形に記載がある「当社の利益とお客様の利益が反する可能性」は、①顧客が負担する費用のうち、当社に支払われる手数料・報酬等の額または割合およびこれを対価とするサービスの内容、②組成会社や販売委託元との関係、③他の商品と比較して当該商品を販売した場合の営業職員の業績評価上の取扱い、④その他の重大な利益相反の内容、を記載するものである。

・解説と解答・

1) 不適切である（「「重要情報シート」を作成・活用する際の手引き」（2021年5月））。「金融庁ウェブサイトで公表している「重要情報シート」内に記載された記載内容は一つの例示であり、各金融事業者において、これを参考としつつ、顧客にとって重要な情報を分かりやすく記載することが望まれる。なお、「該当なし」となる項目についても、商品間の比較を行いやすくするために、項目自体を削除することは可能な限り避けることが望

ましい」とされている。商品比較という同シートの目的に照らせば、例示とはいえ、項目自体の削除は避けるべきである。

2）　適切である（「「重要情報シート」を作成・活用する際の手引き」（2021年5月））。なお、「金融事業者のグループ会社が組成等する商品を多く取り扱う場合はその理由を含めて記載し、販売仲介業者については主にどの金融事業者から仲介の委託を受けているのかを明記することが考えられる」との記載もある

3）　適切である（「「重要情報シート」を作成・活用する際の手引き」（2021年5月））。

4）　適切である（「「重要情報シート」を作成・活用する際の手引き」（2021年5月））。

<u>正解　1）</u>

1-22 取組方針と取組状況①

《問》 金融事業者が金融庁「顧客本位の業務運営に関する原則」（2021
年1月改訂）を採択する場合に策定することが求められる「顧客本
位の業務運営を実現するための明確な方針」（以下、取組方針という）
および「当該方針に係る取組状況」（以下、取組状況という）に関
する次の記述のうち、最も適切なものはどれか。

1) 金融事業者は、取組方針を策定する際には、取引の直接の相手方とし
ての顧客だけを念頭に置くべきである。
2) 「金融事業者リスト」への掲載にあたり、取組方針の表題や構成、形
式に定めはなく、「顧客本位の業務運営に関する原則」との対応関係
を明示することも求められていないため、策定する金融事業者の創意
工夫が期待されている。
3) 金融事業者において、顧客本位の業務運営への取組みの進捗状況を示
し、顧客に対して分かりやすい情報発信をする観点から、自社の取組
みの特徴点を示す定性的記述に加えて、定量的な取組目標や成果を記
載することが望ましい。
4) 金融事業者が取組方針および取組状況を公表する前に、金融庁がそれ
らの内容を確認することがある。

・解説と解答・

1) 不適切である（金融庁「顧客本位の業務運営に関する原則」（2021年1月
改訂）、金融庁「『金融事業者リスト』への掲載等に関するQ＆A」（2023
年9月））。取組方針を策定する際には、取引の直接の相手方としての顧客
だけでなく、インベストメント・チェーンにおける最終受益者としての顧
客をも念頭に置くべきである。金融事業者が「顧客本位の業務運営に関す
る原則」を採択する場合には、取組方針を策定・公表した上で、当該方針
に係る取組状況を定期的に公表するとともに、当該方針を定期的に見直す
ことが求められる。さらに、当該方針には、原則2〜7に示されている内
容ごとに、実施する場合にはその取組方針を、実施しない場合にはその理
由や代替策を、分かりやすい表現で盛り込み、その取組方針に基づき実施
している内容やその結果を取組状況として取りまとめるとともに、金融事

　　業者のウェブサイトにおいて公表することが求められる。

2)　不適切である。「金融事業者リスト」の掲載要件として、取組方針および
　　取組状況について、本原則 2 ～ 7 との対応関係を原則ごとに明確に示して
　　いること等が挙げられている。

3)　適切である（金融庁「『金融事業者リスト』への掲載等に関する Q & A」(2023
　　年 9 月)）。定量的な取組目標や成果は、比較可能な共通KPI（評価指標）
　　や自主的なKPIのことである。

4)　不適切である（金融庁「『金融事業者リスト』への掲載等に関する Q & A」
　　(2023年 9 月)）。金融庁がそれらの内容を確認することはない。

<u>正解　3)</u>

1-23 取組方針と取組状況②

《問》 金融庁「顧客本位の業務運営に関する原則」（2021年1月改訂）における、「顧客本位の業務運営を実現するための明確な方針」（以下、取組方針という）および「当該方針に係る取組状況」（以下、取組状況という）に関する次の記述のうち、最も不適切なものはどれか。

1) 金融庁は取組方針および取組状況を公表している金融事業者をリストとしてとりまとめ、金融庁ウェブサイトで公表しているが、ここでいう金融事業者は、銀行、協同組織金融機関、金融商品取引業者と定義されている。

2) 取組状況には、取組方針に基づき実施している内容やその結果を記載するが、取組方針に対応した形で取組状況を明確に示すことが求められる。

3) 原則2～7について実施しないものがある場合、「実施しない理由や代替策」を十分に説明することが求められるため、実施しない原則がある場合は、金融事業者の取組方針等に、「一部実施」、「不実施」または「非該当」であることと、その理由や代替策を、分かりやすい表現で記載する必要がある。

4) 取組方針については、定期的な見直しが求められているものの、その公表（改定）頻度は金融事業者の判断にゆだねられているが、取組状況は少なくとも、金融事業者の事業年度ごとに取りまとめ、公表する必要があるため、1年に一度は公表する必要がある。

・解説と解答・

1) 不適切である（金融庁「顧客本位の業務運営に関する原則」（2021年1月改訂））。「本原則では、「金融事業者」という用語を特に定義していない。顧客本位の業務運営を目指す金融事業者において幅広く採択されることを期待する」とされている。

2) 適切である（金融庁「『金融事業者リスト』への掲載等に関するＱ＆Ａ」（2023年9月））。金融庁は「実施された内容や結果が取組状況に記載されておらず、その記載ぶりが取組方針と実質的に同様となっている金融事業者が見

られます。こうした場合、取組状況の記載不備となりますので、上述のとおり、取組方針に基づいた実施内容・結果を記載してください」と注意を促している。

3) 適切である（金融庁「『金融事業者リスト』への掲載等に関するＱ＆Ａ」（2023年9月））。

4) 適切である（金融庁「『金融事業者リスト』への掲載等に関するＱ＆Ａ」（2023年9月））。なお、取組方針および取組状況において、定期的な見直しの頻度や次回の見直しの時期などを具体的に示すことも望ましいとされている。

<u>正解　1)</u>

1-24 当局の問題意識①

《問》 金融庁は、販売会社が「顧客本位の業務運営に関する原則」（2021年1月改訂）を基に創意工夫を発揮し、ベスト・プラクティスを目指して顧客本位の良質な金融商品・サービスの提供を競い合うことを期待している。次の文章は、こうした取組みを促すための対話・モニタリング状況をまとめた金融庁「リスク性金融商品の販売会社による顧客本位の業務運営のモニタリング結果」（2023年6月）の一部である。以下の文中の空欄①〜③に入る語句の組合せとして、次のうち最も適切なものはどれか。

> リスク性金融商品の販売は、市況変動の影響から免れることはできないものの、特定商品の（ ① ）が大きく変動することは、投資の原則である（ ② ）の観点から好ましくない。顧客の真のニーズが急変するとは考えにくいため、特定商品の（①）が大きく変動する場合は、（ ③ ）が反映されていると見てよいだろう。

1) ①価額　②長期・分散
　　③販売会社の販売姿勢
2) ①売行き　②長期・積立・分散
　　③販売会社の販売姿勢
3) ①価額　②長期・積立・分散
　　③特定商品を組成する会社の経営方針
4) ①売行き　②長期・分散
　　③特定商品を組成する会社の経営方針

・解説と解答・

①売行き
②長期・積立・分散
③販売会社の販売姿勢
　したがって、2）が適切である。

正解　2)

1-25　当局の問題意識②

《問》　金融庁は、販売会社が「顧客本位の業務運営に関する原則」（2021年1月改訂）を基に創意工夫を発揮し、ベスト・プラクティスを目指して顧客本位の良質な金融商品・サービスの提供を競い合うことを期待している。次の文章は、こうした取組みを促すための対話・モニタリング状況をまとめた金融庁「リスク性金融商品の販売会社による顧客本位の業務運営のモニタリング結果」（2023年6月）の一部である。以下の文中の空欄①～③に入る語句の組合せとして、次のうち最も適切なものはどれか。なお、文中および選択肢中の第1線は事業部門、第2線は管理部門、第3線は内部監査部門を指す。

　　第2線は、（　①　）の観点から、リスク性金融商品導入時の事前検証に加えて、販売実績や苦情等を踏まえた事後検証を基に課題を特定し、必要に応じて、（　②　）に対して早期に改善を促し、改善結果を確認する必要がある。一方、第3線は、「本原則」がプリンシプルベース・アプローチであり、顧客本位の取組みが（　③　）と密接に関係していることを踏まえた監査を実施し、第1線・第2線はもとより、経営陣にも改善を促す必要がある。

1)　①コンダクトリスク管理　　　②経営陣と第3線
　　③経営計画
2)　①レピュテーションリスク管理　②経営陣と第3線
　　③企業文化（カルチャー）
3)　①コンダクトリスク管理　　　②経営陣と第1線
　　③企業文化（カルチャー）
4)　①レピュテーションリスク管理　②経営陣と第1線
　　③経営計画

・解説と解答・

①コンダクトリスク管理
②経営陣と第1線

③企業文化（カルチャー）

したがって、3）が適切である。

<u>正解　3)</u>

1-26　当局の問題意識③

《問》　金融庁は、販売会社が「顧客本位の業務運営に関する原則」（2021年1月改訂）を基に創意工夫を発揮し、ベスト・プラクティスを目指して顧客本位の良質な金融商品・サービスの提供を競い合うことを期待している。次の文章は、こうした取組みを促すための対話・モニタリング状況をまとめた金融庁「リスク性金融商品の販売会社による顧客本位の業務運営のモニタリング結果」（2023年6月）の一部である。以下の文中の空欄㋐～㋒に入る語句の組合せとして、次のうち最も適切なものはどれか。なお、文中および選択肢中の第1線は事業部門、第2線は管理部門、第3線は内部監査部門を指す。

①業績評価（個人及び営業拠点）の課題
　販売会社が顧客本位の業務運営を推進するためには、現状の業績評価が、営業職員に「取組方針」に則した行動を促す内容となっているか、業績評価の改定によって営業現場の行動がどのように変化しているか等について、第1線はもとより、（　㋐　）が継続的に検証する必要がある。
（中略）
②従業員研修その他の適切な動機付けの課題
　販売会社が真の顧客ニーズに即した金融商品を提案するためには、営業職員に対して提案に必要な専門性を身に付けさせることができる研修や（　㋑　）が必要である。他方、それができない場合には、営業職員の経験等を考慮し、金融商品を（　㋒　）販売できる範囲に限定する必要がある。

1)　㋐経営陣や第2線・第3線　㋑人事制度の整備
　　㋒現状の職員の説明能力で
2)　㋐第2線・第3線　㋑人事制度の整備
　　㋒組成する会社数を絞って
3)　㋐経営陣や第2線・第3線　㋑手数料に応じた歩合給の導入
　　㋒組成する会社数を絞って
4)　㋐第2線・第3線　㋑手数料に応じた歩合給の導入
　　㋒現状の職員の説明能力で

・解説と解答・

㋐経営陣や第2線・第3線

㋑人事制度の整備

㋒現状の職員の説明能力で

　　したがって、1）が適切である。

<u>正解　1）</u>

1－27　当局の問題意識④

《問》　金融庁は、販売会社が「顧客本位の業務運営に関する原則」（2021年1月改訂）を基に創意工夫を発揮し、ベスト・プラクティスを目指して顧客本位の良質な金融商品・サービスの提供を競い合うことを期待している。次の文章は、こうした取組みを促すための対話・モニタリング状況をまとめた金融庁「リスク性金融商品の販売会社による顧客本位の業務運営のモニタリング結果」（2023年6月）の一部である。以下の文中の空欄①～③に入る語句の組合せとして、次のうち最も適切なものはどれか。なお、文中の銀証連携とは、銀行と当該銀行グループの証券会社との連携のことを指す。

> **（3）銀証連携の課題**
> 　金融庁に寄せられた苦情を確認すると、顧客は預金先の銀行に対する信用と、紹介されたグループ証券会社に対する信用を（　①　）傾向がある。このため、証券会社を傘下に有する銀行グループにおいて、銀行とグループ証券会社が連携して顧客の最善の利益を追求する場合には、銀行からグループ証券会社への適切な（　②　）を設ける必要がある。また、銀行は、顧客同意の下、グループ証券会社へ紹介後も（　③　）に沿わない商品が提案・販売されていないか検証する必要がある。

1) ①同一視する　　　②出資比率の基準　③銀行の販売戦略
2) ①異なるものとする　②出資比率の基準　③顧客の意向
3) ①同一視する　　　②紹介基準　　　　③顧客の意向
4) ①異なるものとする　②紹介基準　　　　③銀行の販売戦略

・解説と解答・

①同一視する
②紹介基準
③顧客の意向
　したがって、3）が適切である。

正解　3）

1-28　日本版スチュワードシップ・コード

《問》　スチュワードシップ・コードに関する有識者検討会（令和元年度）の「『責任ある機関投資家』の諸原則《日本版スチュワードシップ・コード》」（2020年3月再改訂）に関する次の記述のうち、最も不適切なものはどれか。

1) 個人投資家および機関投資家は、投資先企業やその事業環境等に関する深い理解のほか運用戦略に応じたサステナビリティ（ESG要素を含む中長期的な持続可能性）の考慮に基づく建設的な「目的を持った対話」（エンゲージメント）などを通じて、当該企業の企業価値の向上やその持続的成長を促すことにより、顧客・受益者の中長期的な投資リターンの拡大を図るべきである。

2) スチュワードシップ活動を行うにあたっては、自らが所属する企業グループと顧客・受益者の双方に影響を及ぼす事項について議決権を行使する場合など、利益相反の発生が避けられない場合がある。機関投資家は、こうした利益相反を適切に管理することが重要である。

3) 機関投資家は、その持続的成長に向けてスチュワードシップ責任を適切に果たすため、投資先企業の状況を的確に把握することが重要である。機関投資家は、当該企業の状況の把握を継続的に行うべきであり、また、実効的な把握ができているかについて適切に確認すべきである。

4) 機関投資家は、中長期的視点から投資先企業の企業価値および資本効率を高め、その持続的成長を促すことを目的とした対話を、投資先企業との間で建設的に行うことを通じて、当該企業と認識の共有を図るよう努めるべきである。

・解説と解答・

1) 不適切である（スチュワードシップ・コードに関する有識者検討会（令和元年度）「『責任ある機関投資家』の諸原則《日本版スチュワードシップ・コード》」（2020年3月再改訂）原則1指針1-1）。「個人投資家および機関投資家は、」ではなく、正しくは「機関投資家は、」である。日本版スチュワードシップ・コードは、機関投資家が、顧客・受益者と投資先企業の双方を視野に入れ、「責任ある機関投資家」として当該スチュワードシップ

責任を果たすに当たり有用と考えられる諸原則を定めたものである。本コードに沿って、機関投資家が適切にスチュワードシップ責任を果たすことは、経済全体の成長にもつながるとされている。なお、東京証券取引所の「コーポレートガバナンス・コード〜会社の持続的な成長と中長期的な企業価値の向上のために〜」（2021年6月）は、実効的なコーポレートガバナンスの実現に資する主要な原則を取りまとめたものであり、これらが適切に実践されることは、それぞれの会社において持続的な成長と中長期的な企業価値の向上のための自律的な対応が図られることを通じて、会社、投資家、ひいては経済全体の発展にも寄与するとされている。2つのコードは、経済成長のための「車の両輪」と例えられることが多い。国民の資産形成の観点からも、2つのコードの役割は大きいといえる。日本版スチュワードシップ・コードの原則は次のとおり。

原則1　機関投資家は、スチュワードシップ責任を果たすための明確な方針を策定し、これを公表すべきである。

原則2　機関投資家は、スチュワードシップ責任を果たす上で管理すべき利益相反について、明確な方針を策定し、これを公表すべきである。

原則3　機関投資家は、投資先企業の持続的成長に向けてスチュワードシップ責任を適切に果たすため、当該企業の状況を的確に把握すべきである。

原則4　機関投資家は、投資先企業との建設的な「目的を持った対話」を通じて、投資先企業と認識の共有を図るとともに、問題の改善に努めるべきである。

原則5　機関投資家は、議決権の行使と行使結果の公表について明確な方針を持つとともに、議決権行使の方針については、単に形式的な判断基準にとどまるのではなく、投資先企業の持続的成長に資するものとなるよう工夫すべきである。

原則6　機関投資家は、議決権の行使も含め、スチュワードシップ責任をどのように果たしているのかについて、原則として、顧客・受益者に対して定期的に報告を行うべきである。

原則7　機関投資家は、投資先企業の持続的成長に資するよう、投資先企業やその事業環境等に関する深い理解のほか運用戦略に応じたサステナビリティの考慮に基づき、当該企業との対話やスチュワードシップ活動に伴う判断を適切に行うための実力を備えるべきである。

原則8　機関投資家向けサービス提供者は、機関投資家がスチュワード

　　シップ責任を果たすに当たり、適切にサービスを提供し、インベストメント・チェーン全体の機能向上に資するものとなるよう努めるべきである。

2）　適切である（スチュワードシップ・コードに関する有識者検討会（令和元年度）「『責任ある機関投資家』の諸原則《日本版スチュワードシップ・コード》」（2020年3月再改訂）原則2指針2－1）。

3）　適切である（スチュワードシップ・コードに関する有識者検討会（令和元年度）「『責任ある機関投資家』の諸原則《日本版スチュワードシップ・コード》」（2020年3月再改訂）原則3指針3－1、3－2）。

4）　適切である（スチュワードシップ・コードに関する有識者検討会（令和元年度）「『責任ある機関投資家』の諸原則《日本版スチュワードシップ・コード》」（2020年3月再改訂）原則4指針4－1）。

正解　1）

1−29　コーポレートガバナンス・コード

《問》　東京証券取引所「コーポレートガバナンス・コード〜会社の持続的
な成長と中長期的な企業価値の向上のために〜」（2021年6月）
に関する次の記述のうち、最も不適切なものはどれか。

1)　「コーポレートガバナンス」とは、会社が、株主をはじめ顧客・従業員・
地域社会等の立場を踏まえた上で、透明・公正かつ迅速・果断な意思
決定を行うための仕組みを意味する。

2)　上場会社は、株主の権利が実質的に確保されるよう適切な対応を行う
とともに、株主がその権利を適切に行使することができる環境の整備
を行うべきである。また、上場会社は、株主の実質的な平等性を確保
すべきである。少数株主や外国人株主については、株主の権利の実質
的な確保、権利行使に係る環境や実質的な平等性の確保に課題や懸念
が生じやすい面があることから、十分に配慮を行うべきである。

3)　上場会社は、会社の持続的な成長と中長期的な企業価値の創出は、従
業員、顧客、取引先、債権者、地域社会をはじめとする様々なステー
クホルダーによるリソースの提供や貢献の結果であることを十分に認
識し、これらのステークホルダーとの適切な協働に努めるべきである。

4)　上場会社は、会社の財政状態・経営成績等の財務情報や、経営戦略・
経営課題、リスクやガバナンスに係る情報等の非財務情報について、
法令に基づく開示を適切に行うとともに、法令に基づく開示以外の情
報提供にも主体的に取り組むべきである。その際、取締役会は、開示・
提供される情報が株主との間で建設的な対話を行う上での基盤となる
ことも踏まえ、とりわけ財務情報が、正確で利用者にとって分かりや
すく、情報として有用性の高いものとなるようにすべきである。

・解説と解答・

1)　適切である（東京証券取引所「コーポレートガバナンス・コード〜会社の
持続的な成長と中長期的な企業価値の向上のために〜」（2021年6月））。
コーポレートガバナンス・コードの基本原則のタイトルは次のとおり。な
お、コーポレートガバナンス・コードとスチュワードシップ・コードの関
係については、1−28の解説参照。

基本原則1　株主の権利・平等性の確保
基本原則2　株主以外のステークホルダーとの適切な協働
基本原則3　適切な情報開示と透明性の確保
基本原則4　取締役会等の責務
基本原則5　株主との対話

2)　適切である（東京証券取引所「コーポレートガバナンス・コード～会社の持続的な成長と中長期的な企業価値の向上のために～」(2021年6月）基本原則1）。

3)　適切である（東京証券取引所「コーポレートガバナンス・コード～会社の持続的な成長と中長期的な企業価値の向上のために～」(2021年6月）基本原則2）。

4)　不適切である（東京証券取引所「コーポレートガバナンス・コード～会社の持続的な成長と中長期的な企業価値の向上のために～」(2021年6月）基本原則3）。「とりわけ財務情報が」ではなく、正しくは「とりわけ非財務情報が」である。

正解　4)

1-30　フィデューシャリー・デューティーの歴史等①

《問》　顧客本位の業務運営（フィデューシャリー・デューティー）について説明した以下の文章の空欄①～②に入る語句の組合せとして、次のうち最も適切なものはどれか。

> フィデューシャリー・デューティーの概念は、しばしば、（　①　）が負うべき義務を指すものとして用いられてきたが、（中略）一定の任務を遂行する者が負うべき幅広い様々な役割・責任の総称として用いる動きが広がっており、我が国においてもこうした動きを広く定着・浸透させていくことが必要である。すなわち、金融商品の販売、助言、商品開発、資産管理、運用等のインベストメント・チェーンに含まれる全ての金融機関等において、顧客本位の業務運営（最終的な資金提供者・受益者の利益を第一に考えた業務運営）を行うべきとの（　②　）が共有され、実行されていく必要がある。

1)　①売買契約等に基づく販売者　　②パーパス
2)　①信託契約等に基づく受託者　　②パーパス
3)　①売買契約等に基づく販売者　　②プリンシプル
4)　①信託契約等に基づく受託者　　②プリンシプル

・解説と解答・

　問題文は、金融庁「平成28事務年度金融行政方針」（2016年10月）の記載である。当時、「国民の安定的な資産形成を実現する資金の流れへの転換」が重点課題とされており、顧客本位の業務運営の確立・定着が、課題克服のための大きな柱になると位置付けられていた。
①信託契約等に基づく受託者
②プリンシプル
　したがって、4）が適切である。

正解　4）

1-31 フィデューシャリー・デューティーの歴史等②

《問》 米国エリサ法（以下、エリサ法という）に関する記述について、適切なものを○、不適切なものを×とした場合、次のうち最も適切な組合せはどれか。

a) エリサ法において投資アドバイザーや投資マネージャーは、（委託者である）アセットオーナーに対してのみならず、最終受益者（年金受給者）に対しても、直接、フィデューシャリー・デューティーを負うとされた。

b) エリサ法は、企業年金の加入者が有する受給権の保護を目的として、1974年に制定された企業年金を包括的に規制する米国連邦法である。

c) 年金基金が保有する株式の議決権行使も、エリサ法上のフィデューシャリー・デューティーの対象となる行為であることが明確化されている。年金基金が、投資マネージャー（＝投資顧問会社等の運用機関）に投資を委任した場合には、専ら投資マネージャーが議決権行使の義務と責任を負う。

1) a：○　b：○　c：○
2) a：○　b：×　c：×
3) a：×　b：○　c：○
4) a：×　b：×　c：×

・解説と解答・

a) 適切である。

b) 適切である。

c) 適切である。米国労働省がエイボン社の企業年金からの質問に対して発出した回答書であるエイボン・レター（1988年）で、年金基金（アセットオーナー）が保有する株式に係る議決権の行使は、フィデューシャリーがなすべき資産運用行為に含まれることが明確化された。

したがって、適切な組合せは、1) である。

正解　1)

1-32　フィデューシャリー・デューティーの歴史等③

《問》　次の文章は、世界的な規制改革に大きな影響を与えたケイ・レビュー
（経済学者ジョン・ケイ氏が英国政府からの要請により英国株式市
場の構造的問題、上場企業行動、コーポレートガバナンスについて
調査・分析を行ったレポート）の概要の一部である。下線部①〜④
のうち、最も不適切なものはどれか。

6．信頼の構築
　①株式のインベストメント・チェーンの参加者すべては、受託責任
の原則に応じて、投資あるいは運用されている資金の拠出者に対する
敬意と、資金を投資あるいは運用している者に対する信頼を基に行動
するべきである。
（中略）
8．事業環境
　②取締役とは、自社の資産と業務の受託者である。会社の取締役の
責任は株価に反映されるべきものである。そして、③企業は、「マーケッ
ト」との関係ではなく、投資家との関係を発展させることを目指すべ
きである。
9．受託者の責任
　株式のインベストメント・チェーンのすべての参加者は、クライア
ントおよび顧客との関係において受託者責任基準を順守すべきであ
る。④受託者責任基準によりクライアントの利益が第一とされ、利益
相反が回避される。また、サービスの直接・間接コストが妥当な水準
となり、かつ開示される。

1)　下線部①
2)　下線部②
3)　下線部③
4)　下線部④

・解説と解答・

　ケイ・レビューとは、経済学者ジョン・ケイ氏が英国政府からの要請により英国株式市場の構造的問題、上場企業行動、コーポレートガバナンスについて調査・分析を行ったレポートで、2012年7月に公表された。その後の世界的な規制改革に大きな影響を与えた。インベストメント・チェーンの全参加者が、顧客との関係において、フィデューシャリー・スタンダードを遵守すべきであるとし、①顧客の利益を最優先すること、②利益相反状態を避けるべきこと、③提供するサービスに対するコストが合理的であり、かつ、開示されるべきであること、を求めた。なお、本問は、経済産業省「英国ケイ・レビューの要約」から作成している。

1）　適切である。
2）　不適切である。正しくは、「取締役とは、自社の資産と業務の受託者である。会社の取締役の責任は会社自身に対するものであり、株価に対するものではない」。
3）　適切である。
4）　適切である。

正解　2)

1-33　フィデューシャリー・デューティーの歴史等④

《問》　次の文章は、世界的な規制改革に大きな影響を与えたケイ・レビュー（経済学者ジョン・ケイ氏が英国政府からの要請により英国株式市場の構造的問題、上場企業行動、コーポレートガバナンスについて調査・分析を行ったレポート）の提言の一部である。下線部①～④のうち、最も不適切なものはどれか。

> 2．①企業の取締役、資産運用者、および資産保有者は、短期志向の意思決定を奨励するグッド・プラクティス・ステートメントを採用するべきである。規制当局と業界団体は、既存の基準、ガイダンス、および行動規準を、本レビューのグッド・プラクティス・ステートメントに整合するよう、対策を施すべきである。
>
> 3．②資産運用者は、投資先企業への関与を更に深めることにより、英国企業の業績（および、結果的に貯蓄者にもたらされるリターン）の向上に一層貢献することができる。
>
> （中略）
>
> 7．③EUおよび国内の規制当局は、他人の投資に関する裁量権を持ち、投資の意思決定に助言を行うインベストメント・チェーンの全関係者に受託者基準を適用すべきである。このような責任はクライアントの種類に関係なく適用されるべきであり、契約により無効とされるべきではない。
>
> （中略）
>
> 9．④受託者および運用助言者の側における理解不足と誤解に対応するため、「法律委員会（The Law Commission）」に対し、投資に適用される受託者責任の法的概念の見直しを行うよう依頼すべきである。

1）　下線部①
2）　下線部②
3）　下線部③
4）　下線部④

・解説と解答・

　問題文中以外の提言には、次のようなものがある。

　5．企業は、主な取締役の任命について、株を長期保有する大株主と相談すべきである。

　6．企業は、短期的な収益予測と発表の管理プロセスからの解放を探るよう努めるべきである。

　8．資産運用者は、実際の取引コストまたは予想取引コスト、ファンドに課せられる成功報酬など、すべてのコストを完全に開示すべきである

　なお、本問は、経済産業省「英国ケイ・レビューの要約」から作成している。

1)　不適切である。「短期志向の意思決定を奨励するグッド・プラクティス・ステートメントを採用するべきである」ではなく、正しくは「受託責任と長期志向の意思決定を奨励するグッド・プラクティス・ステートメントを採用するべきである」である。

2)　適切である。

3)　適切である。

4)　適切である。

正解　1)

第2章

顧客を理解する

2-1　顧客の姿①

《問》　次の図表は日本銀行調査統計局「資金循環の日米欧比較」（2023年8月）における「家計の金融資産構成」である。空欄①〜③にあてはまる語句の組合せとして、次のうち最も適切なものはどれか。なお、問題の性質上、明らかにできない部分は「□□□」で示してある。

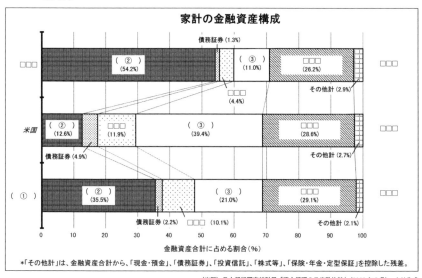

家計の金融資産構成

（出所）日本銀行調査統計局「資金循環の日米欧比較」（2023年8月）　より作成

1)　①日本　　　　　　②株式等　　　　　　　　③現金・預金
2)　①日本　　　　　　②保険・年金・定型保証　③投資信託
3)　①ユーロエリア　②投資信託　　　　　　　③保険・年金・定型保証
4)　①ユーロエリア　②現金・預金　　　　　　③株式等

・解説と解答・

　日本は、家計の金融資産構成において、現金・預金の割合が米国、ユーロエリアに比べて高い傾向がある。一方、米国は、株式等の割合が高い傾向がある。

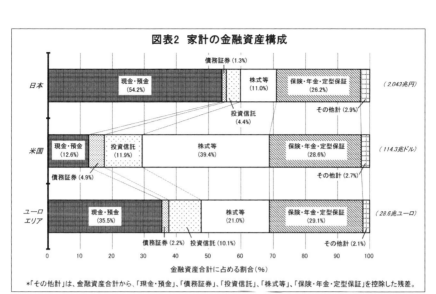

図表2　家計の金融資産構成

債務証券（1.3%）

日本　現金・預金（54.2%）　株式等（11.0%）　保険・年金・定型保証（26.2%）　（2,043兆円）

投資信託（4.4%）　その他計（2.9%）

米国　現金・預金（12.6%）　投資信託（11.9%）　株式等（39.4%）　保険・年金・定型保証（28.6%）　（114.3兆ドル）

債務証券（4.9%）　その他計（2.7%）

ユーロエリア　現金・預金（35.5%）　株式等（21.0%）　保険・年金・定型保証（29.1%）　（28.6兆ユーロ）

債務証券（2.2%）　投資信託（10.1%）　その他計（2.1%）

金融資産合計に占める割合（%）

＊「その他計」は、金融資産合計から、「現金・預金」、「債務証券」、「投資信託」、「株式等」、「保険・年金・定型保証」を控除した残差。

（出所）日本銀行調査統計局「資金循環の日米欧比較」（2023年8月）

①ユーロエリア

②現金・預金

③株式等

　したがって、4）が適切である。

<u>正解　4）</u>

2−2　顧客の姿②

《問》　金融広報中央委員会「家計の金融行動に関する世論調査2023年
（二人以上世帯調査）」（2024年1月）（以下、本調査という）に関
する次の記述のうち、最も適切なものはどれか。なお、本調査にお
ける「金融資産」は、定期性預金・普通預金等の区分にかかわらず、
運用のため、または将来に備えて蓄えている部分とする。ただし、商・
工業や農・林・漁業等の事業のために保有している金融資産や、土
地・住宅・貴金属等の実物資産、現金、預貯金で日常的な出し入れ・
引落しに備えている部分は除く。

1)　2023年において、金融資産の保有額の平均値は1,307万円で、その中
央値は330万円であった。
2)　2023年において、金融資産保有世帯が、金融商品を選択する際に重視
することは、「流動性」（「少額でも預け入れや引き出しが自由にでき
るから」および「現金に換えやすいから」）が最も多く、「収益性」（「利
回りが良いから」および「将来の値上がりが期待できるから」）を上回っ
ている。
3)　2023年において、借入金のある世帯の割合は65.0％で、借入金のある
世帯の借入の目的として最も多いのは「こどもの教育・結婚資金」で
ある。
4)　2023年において、老後の生活への心配について「心配である」と回答
した割合（「非常に」および「多少」の合計）は39.0％で、その理由と
して最も多いのは「退職一時金が十分ではないから」である。

・解説と解答・

1)　適切である。
2)　不適切である。「収益性」が35.1％を占め、最も多い。次いで、「安全性」（「元
本が保証されているから」および「取扱金融機関が信用できて安心だから」）
30.0％、「流動性」20.4％となっている。
3)　不適切である。借入金のある世帯の割合は19.4％で、借入金のある世帯の
借入の目的（3つまでの複数回答）として最も多いのは「住宅（土地を含
む）の取得または増改築などの資金」の47.4％である。次いで、「日常の生

活資金」が22.9％、「耐久消費財の購入資金」13.7％、「こどもの教育・結婚資金」9.9％であった。

4) 不適切である。老後の生活について、「非常に心配である」と回答した割合は38.9％、「多少心配である」と回答した割合は39.6％、合計すると78.5％が心配であると回答している。その理由（複数回答）として最も多いのは、「十分な金融資産がないから」が68.1％である。次いで、「年金や保険が十分ではないから」49.3％、「生活の見通しが立たないほど物価が上昇することがあり得ると考えられるから」37.1％であった。

<u>正解　1)</u>

2-3 顧客の意識①

《問》 金融庁の「リスク性金融商品販売に係る顧客意識調査結果」
（2021年6月）に関する次の記述のうち、最も適切なものはどれ
か。なお、選択肢中の「メインで利用している金融機関」には、「現
在、利用している金融機関がない場合は、直近、メインで利用して
いた金融機関」が含まれている。

1) リスク性金融商品を購入する際、メインで利用している金融機関から
資産運用目的や資産状況等の確認があったかという質問に対して、全
体では9割以上が「あった」と回答した。

2) リスク性金融商品を購入する際、メインで利用している金融機関から
他の商品との比較説明を受けたことがあるかという質問に対して、全
体では「比較説明を受けたことがある」との回答が過半数を占めた。

3) リスク性金融商品の購入にあたって、メインで利用している金融機関
は、ニーズに合った金融商品を提案していると感じたかという質問に
対して、全体では「十分していると感じた」、「ある程度していると感
じた」の合計は1割以下だった。

4) リスク性金融商品を購入した後、メインで利用している金融機関から
フォローアップを受けたことはあるかという質問に対して、すべての
年代において、「受けたことがない」との回答が過半数を占めた。

・解説と解答・

　金融庁「リスク性金融商品販売に係る顧客意識調査結果」（2021年6月）は、
顧客の資産運用に関する認識や金融行動、当庁施策の浸透状況等を把握するこ
とを目的に、全国20歳以上の個人を対象に実施された。調査結果は、金融庁に
おける金融機関に対するモニタリング・対話や「見える化」に関する具体的な
取組みに反映させる、としている。

1) 不適切である。全体では「上記のような確認・説明はなかった」が42.4%
と最も多い回答（複数回答）で、「資産運用目的や資産状況の確認」、「希
望する資産運用方針の確認」、「商品の提案・案内の都度、意向を確認」等
を上回った。

2) 不適切である。全体では「比較説明を受けたことがない」は、6割超であっ

た。なお、比較説明を受けたことがあると回答した人を対象にした質問で、その内容を「十分に理解できた」、「ある程度理解できた」と回答したのは合わせて約9割を占めた。

3)　不適切である。リスク性金融商品の購入にあたって、メインで利用している金融機関は、ニーズに合った金融商品を提案していると感じたかという質問に対して、全体では、「十分していると感じた」、「ある程度していると感じた」の合計は約4割を占めた。なお、「提案を受けたことがない」との回答も約4割を占めている。

4)　適切である。なお、フォローアップを受けたことがあると回答した人を対象に、どのような時にフォローアップを受けたかについての質問をしたところ、全体では「市場急変時」との回答が最も多く、「保有商品の満期到来時」、「保有商品に損失が発生した時」等を上回った。

<u>正解　4)</u>

2-4 顧客の意識②

《問》 金融庁の「リスク性金融商品販売に係る顧客意識調査結果」
（2021年6月）に関する次の記述のうち、最も適切なものはどれ
か。

1) 資産運用において、判断に困ったり、悩んだりした時、どのように対
処したかという質問に対して、全体では、すべての項目において「調
べれば自分で判断できると思ったので、誰にも相談せず、進んで自分
で判断した」が最も回答を集めた。

2) 投資未経験者を対象として、これまでリスク性金融商品を購入しな
かった理由を質問したところ（複数回答）、全体では、「余裕資金が無
いから」との回答は1割程度だった。

3) 投資未経験者のうち、これまでリスク性金融商品を購入しなかった理
由として「資産運用に関する知識がないから」、「購入・保有すること
に不安を感じるから」、「購入するのが面倒だから」、「普段忙しい/時
間的なゆとりが無いから」、「勧誘されるのが面倒だから」と回答した
者を対象に、あなたの立場に立ってアドバイスしてくれたり、手続き
をサポートしてくれる人がいたら、リスク性金融商品を購入したいと
思うかという質問をしたところ、年代が高いほど、「購入したいと思う」
との回答割合が高かった。

4) 投資未経験者のうち、将来的にはリスク性金融商品を購入したいと思
うと回答した者を対象に、将来的にはリスク性金融商品を購入したい
と思う理由は何かという質問をしたところ、全体では、他の選択肢を
引き離して「高額商品・サービスの購入資金に充てるため」が最も回
答を集めた。

・解説と解答・

1) 適切である。金融機関を選択する時の場合、設問の選択肢の回答は50.2%
だった。一方、「金融機関（担当者）に相談した」は、「誰かに相談したかっ
たが、相談する人がおらず、やむを得ず自分で判断した」、「家族に相談し
た」よりも少なかった。

2) 不適切である。全体では、「余裕資金が無いから」が56.7%で、「資産運用

に関する知識が無いから」40.4％、「購入・保有することに不安を感じるから」26.3％を上回った（複数回答）。

3)　不適切である。年代が若いほど、「購入したいと思う」との回答割合が高かった。特に20代においては、「購入したいと思う」との回答が約 5 割となった。

4)　不適切である。全体では、「老後の生活資金を確保するため」が73.3％と最も多い回答（複数回答）で、特に40代・50代においては 8 割を超えた。

　なお、本調査において、金利と債券価格の関係について、投資未経験者に「金利が上昇すると、（固定金利の）債券の価格はどうなると思いますか」と質問したところ、全体では、正解できたのは15％だった（「金利が上昇すると、債券の価格は下がる」が正解）。また、投資経験者でも、全体では、正解できたのは34.1％だった。本調査では、この質問を含めて基本的な金融リテラシーを測る 4 つの質問をしているが、投資未経験者の約 4 割は全問不正解であった。

<u>正解　1)</u>

2-5　顧客の金融リテラシー—①複利

《問》　金利３％で複利運用し、元利合計が2倍になるのに必要な運用期間
　　　をいわゆる「72の法則」に基づいて計算した場合、最も適切な運
　　　用期間は次のうちどれか。
1)　21年
2)　24年
3)　36年
4)　108年

・解説と解答・

　72の法則は複利運用で預金が2倍になるだいたいの期間を計算する方法である。金利３％の複利なら100万円が200万円になるのにかかる期間は大雑把には72÷３＝24年と計算できる。

　なお、正確には、$\log_{1.03}2 \fallingdotseq 23.45$（年）である。

正解　2)

2-6 顧客の金融リテラシー②インフレ

《問》 物価上昇（インフレ）、物価下落（デフレ）に関する次の記述のうち、最も不適切なものはどれか。

1) 一般的に、インフレには、原材料費や賃金の上昇が価格に転嫁されるコスト・プッシュ型と、購入者が物・サービスを求める力が強く価格が上昇するディマンド・プル型があるとされている。

2) 日本経済は1990年代のバブル崩壊以降、長期のディスインフレまたはデフレ状態が続き、日本銀行が２％の物価安定の目標を掲げるに至った。

3) 2020年代に入って欧米でインフレ率のマイナス転換、あるいは低下が見られ、日本でも、2022年、2023年ともに、平均で消費者物価指数が前年比マイナスとなった。

4) 物価の動きを見るには、消費者物価指数のほか、GDPデフレーターや企業物価指数がある。

・解説と解答・

1) 適切である。両者は二律背反ではないが、概念として対比的に用いられることが多い。

2) 適切である。2013年１月に「物価安定の目標」を消費者物価の前年比上昇率２％と定めた。物価上昇率の低下をディスインフレといい、物価の下落をデフレという。

3) 不適切である。特に、日本では2023年に消費者物価の上昇が顕著になった。

4) 適切である。特に、企業物価指数は、企業間の取引が反映されるため、消費者物価指数よりも早く動くことから、物価動向の重要な指標の１つとなっている。

正解　3）

2−7　顧客の金融リテラシー③インフレ

《問》　物価上昇（インフレ）がマクロ経済に与える一般的な影響に関する
　　　次の記述のうち、最も不適切なものはどれか。
1)　インフレは、市場金利の上昇要因である。
2)　インフレは、実質金利の低下要因である。
3)　インフレは、価格上昇前に投資・消費をしてしまおうという心理につ
　　ながると、さらなるインフレの起因となる要素がある。
4)　日本国内のインフレが為替レートに与える影響は、相対的購買力平価
　　説によれば長期的には相対的な円高要因であり、短期的にも国内金利
　　が上昇することによって円高をもたらす要因でもある。

・解説と解答・

1)　適切である。インフレは、資金を借りて投資・消費をすることが有利に働
　　くため、資金需要が増加し、市場金利の上昇要因となる。
2)　適切である。実質金利とは、名目金利（目に見える金利＝預金利率、借入
　　金利、債券利回りなど）からインフレ率を引いたものである。
3)　適切である。デフレは逆で、どちらも、スパイラル（悪循環）しやすい理
　　由である。
4)　不適切である。相対的購買力平価説によれば国内のインフレは、長期的に
　　は相対的な円安要因とされる。なぜなら、インフレとは通貨価値の下落で
　　あり、円の通貨価値が下落することは、相対的に、円安を意味する。

正解　4)

2-8　顧客の金融リテラシー④分散投資

《問》　分散投資に関する次の記述のうち、最も不適切なものはどれか。

1)　分散投資には、銘柄分散、資産分散、時間分散、地域分散等の考え方がある。
2)　地域分散を行うにあたっては、投資先を日本国内と国外に分けるだけでなく、先進国と新興国といった分け方をすることも可能である。
3)　投資対象を購入・売却するに際して、一時に購入・売却するのではなく、時間的に何回かに分けて行うことを、時間分散という。
4)　1つの銘柄を一定口数・定期的に購入する分散の手法をドルコスト平均法という。

・解説と解答・

1)　適切である。一般的には分散投資というと銘柄分散をイメージしがちであるが、分散すべき要素は多い。
2)　適切である。複数の地域や通貨の金融商品を組み合わせることでリスクを分散することができる。
3)　適切である。「一番安いときに買い、一番高いときに売る」ことが出来れば最善の利益が得られるが、その時期を知ることは困難である。そこで、最善を追求することをあきらめて、リスクを低減するのが時間分散である。
4)　不適切である。一定金額を定期的に購入する時間分散の代表的手法を、ドルコスト平均法という。ドルコスト平均法のメリットは、例えば株式投資をする場合、株価が高い時には購入株式数が少なく、株価が安い時には多くなることで、価格が一直線に一方向に動くのでない限り、平均取得原価が相対的に低くなる。例えば、傾向としては上昇している場合でも、傾向値よりも高いときと安いときがあるのだとすれば、やはり、有効な手法であるといえる。

正解　4)

2-9 顧客の金融リテラシー⑤分散投資

《問》 ドルコスト平均法により、A社株式を3回に分けて、各回60万円
分購入することにした。購入時のA社株価は下表のとおりである。
3回の購入が終了した時点での1株あたりの平均取得原価として、
次のうち最も適切なものはどれか。

	A社の株価
第1回 購入時	600円／1株
第2回 購入時	1,200円／1株
第3回 購入時	800円／1株

1) 800円／1株
2) 850円／1株
3) 900円／1株
4) 950円／1株

・解説と解答・

	A社の株価	購入金額	購入株数
第1回 購入時	600円／1株	600,000円	1,000株
第2回 購入時	1,200円／1株	600,000円	500株
第3回 購入時	800円／1株	600,000円	750株
合計		1,800,000円	2,250株

平均取得原価は1,800,000円÷2,250株＝800円／1株

ドルコスト平均法のメリットは、株価が高い第2回の時には購入株式数が
500株と少なく、株価が安い第1回の時には1,000株と多くなることである。こ
れにより平均取得原価をなるべく低くできる可能性が生じる。ただし、いつで
も「最も低くなる」わけではない。

正解 1)

2−10　行動ファイナンス①

《問》　行動ファイナンスに関する次の記述のうち、最も不適切なものはどれか。

1) 伝統的なファイナンス理論では「すべての投資家が合理的である」ことを前提に理論が構築・展開されているが、行動ファイナンスは心理学や社会学で注目されてきた「一見合理的ではないように見える行動」を取り込もうとした理論である。

2) 代表的な非合理バイアスの1つである損失回避は、人間は同じ金額であっても損失より利益に大きく反応する傾向があることを指摘したものである。

3) 代表的な非合理バイアスの1つである決定麻痺は、銘柄の選択などの際に、多すぎる情報を与えられるとかえって決められなくなってしまうことを指摘したものである。

4) 投資の失敗とされる人間の行動においては、複数の非合理バイアスが同時に発生していることがあるとされている。

・解説と解答・

1) 適切である。

2) 不適切である。人間は同じ金額であっても利益より損失に大きく反応する傾向(損失回避)があることが指摘されている。100万円の損失によるショックの方が100万円の利益により「追加的に」得られる満足感よりも大きいという意味である。過剰に保険をかけたくなる理由の1つともいわれている。

3) 適切である。

4) 適切である。自信過剰、後悔回避、損失回避、群集心理、アンカリングなどの複数の要因が絡むことがある。

<u>正解　2)</u>

2-11　行動ファイナンス②

《問》　行動ファイナンスの代表的な非合理バイアスに関する記述について、適切なものを○、不適切なものを×とした場合、次のうち最も適切な組合せはどれか。

a) 自分の銘柄選択に自信を持ちすぎて分散投資が難しくなったり、過剰に取引したりする非合理バイアスは「自信過剰」である。

b) 後悔したくなくて損切できなかったり、後悔したくなくて不要な投機をしてしまったりする非合理バイアスは「後悔回避」である。

c) めったに起こらないことをもっと起こると思ってしまうことであり、宝くじを買いたくなる理由の1つとされている非合理バイアスは「メンタルアカウント」である。

1) a：○　b：○　c：×
2) a：○　b：×　c：○
3) a：×　b：○　c：○
4) a：○　b：○　c：○

・解説と解答・

　代表的な非合理バイアスは次のとおり（通信教育講座「ポートフォリオ提案スキルアップ講座」（金融財政事情研究会）参照）。

・自信過剰：自分の銘柄選択に自信を持ちすぎて分散投資が難しくなったり、過剰に取引したりする。

・後悔回避：後悔したくなくて損切できなかったり、後悔したくなくて不要な投機をしてしまったりする。

・損失回避：利益と損失では、同じ金額でも損失の方が大きく感じてしまうことであり、例えば、過剰に保険をかけたくなる理由の1つとされている。

・メンタルアカウント：おカネに色をつけて見てしまうことであり、例えば、ギャンブルで勝ったおカネは働いて得たおカネより簡単に使ってしまう理由の1つとされている。

・主観確率：めったに起こらないことをもっと起こると思ってしまうことであり、例えば、宝くじを買いたくなる理由の1つとされている。

・決定麻痺：銘柄の選択などの際に、多すぎる情報を与えられるとかえって決められなくなってしまう。

・群集心理：自分の投資判断にもかかわらず、周囲の多数意見に同調してしまう。

・保有効果：自分が保有しているものに高い価値を感じて、合理的な価格でも売りにくくなってしまう。

・アンカリング：判断に無関係な数字に影響を受けてしまうことであり、例えば、保有株の株価が高かった時を忘れられない「高値覚え」の原因とされている。

・認知的不協和：自分の判断に反する事実を受け入れにくくなり、自己正当化や都合のよい辻褄合わせをしてしまう。

・現状維持：合理的には変えたほうがよくても、現状維持を選んでしまうことであり、後悔回避の特別なケースである。

・双曲割引：短期的利益を過剰に求めてしまうことであり、貯蓄をしない、目先の消費に走るなど、長期的利益に対して、短期的利益に合理的に説明できないほど大きな価値を感じてしまう。

a)　適切である。

b)　適切である。

c)　不適切である。選択肢は「主観確率」の説明である。「メンタルアカウント」は、おカネに色をつけて見てしまうことであり、例えば、ギャンブルで買ったおカネは働いて得たおカネより簡単に使ってしまう理由の1つとされている。

　したがって、適切な組合せは、1）である。

__正解　1）__

2−12　行動ファイナンス③

《問》　行動ファイナンスの代表的な非合理バイアスに関する記述について、適切なものを○、不適切なものを×とした場合、次のうち最も適切な組合せはどれか。

a)　判断に無関係な数字に影響を受けてしまうことであり、例えば、保有株の株価が高かった時を忘れられない「高値覚え」の原因とされている非合理バイアスは「認知的不協和」である。

b)　自分の判断に反する事実を受け入れにくくなり、自己正当化や都合のよい辻褄合わせをしてしまう非合理バイアスは「アンカリング」である。

c)　短期的利益を過剰に求めてしまうことであり、貯蓄をしない、目先の消費にはしるなど、長期的利益に対して、短期的利益に合理的に説明できないほど大きな価値を感じてしまう非合理バイアスは「双曲割引」である。

1)　a：○　b：○　c：×
2)　a：○　b：×　c：○
3)　a：×　b：×　c：○
4)　a：○　b：○　c：○

・解説と解答・

a)　不適切である。選択肢は「アンカリング」の説明である。

b)　不適切である。選択肢は「認知的不協和」の説明である。

c)　適切である。

　したがって、適切な組合せは、3）である。

<u>正解　3）</u>

2-13　ポートフォリオの考え方①

《問》　下記の資料における４社のリスクとリターンに関する次の文章のうち、最も不適切なものはどれか。なお、４社の株は、20X0年に購入し、20X5年に売却したものとする。

（資料）株価の変動　　　　　　　　（単位：円/株）

	20X0年	20X1年	20X2年	20X3年	20X4年	20X5年
A社	700	690	720	700	710	715
B社	400	360	430	380	520	500
C社	400	580	300	660	300	500
D社	100	145	210	305	442	641

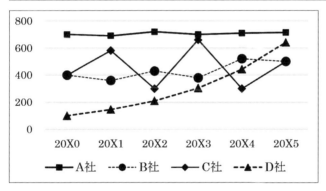

1)　A社は、ロー・リスクでロー・リターンである。
2)　B社とC社のリターンは、同じである。
3)　B社のリスクは、C社のリスクより低い。
4)　D社は、ハイ・リスクでハイ・リターンである。

・解説と解答・

　リターンはスタート（購入時）とエンド（売却時）の価格で決まる。リスクは購入から売却までのプロセスにおけるリターンの振れ幅である。
1)　適切である。A社は、株価自体は４社の中で最も高いが、株価上昇率を考えると変動が少なく（ロー・リスク）、平均的な上昇率（リターン）も低

いため、ロー・リスクでロー・リターンであるといえる。

2) 適切である。B社とC社は20X0年と20X5年の株価が同じなので、リターンは同じである。

3) 適切である。B社よりもC社の株価の方が、乱高下が激しくリターンの振れ幅が大きいため、リスクが大きいといえる。

4) 不適切である。D社は毎期の上昇率が約45％と一定であり、ロー・リスクであるといえる。したがって、D社は当該期間においてはロー・リスクでハイ・リターンである。ただし、実際の株式市場では、ロー・リスクでハイ・リターンの銘柄はほぼ存在しないとされる。そのような銘柄があったとしても、投資家に買われ（株価が上昇し）、その結果ロー・リスクでロー・リターンの銘柄になってしまうからである。

<u>正解　4)</u>

2-14　ポートフォリオの考え方②

《問》　下記のポートフォリオの期待収益率として、次のうち最も適切なものはどれか。

資産	期待収益率	標準偏差	ポートフォリオの構成比 （組入比率）
預金	1%	0%	20%
外国債券	5%	15%	30%
国内株式	6%	20%	50%

外国債券と国内株式の相関係数は0.4。

1) 1.2%
2) 1.8%
3) 4.5%
4) 4.7%

・解説と解答・

　ポートフォリオの期待収益率の計算に各資産の標準偏差および資産間の相関係数は不要である。ポートフォリオの期待収益率の計算は、各資産の期待収益率の加重平均になる。計算する際に、構成比（組入比率）は、下の表のように、「全体で100万円」と仮定して各資産の金額に換算するとわかりやすい。100万円投資して47,000円の収益になるので、期待収益率は4.7%であることがわかる。

資産	期待収益率	ポートフォリオの構成比 （組入比率）	金額	収益金額
預金	1%	20%	200,000円	1%×200,000円 =2,000円
外国債券	5%	30%	300,000円	5%×300,000円 =15,000円
国内株式	6%	50%	500,000円	6%×500,000円 =30,000円
合　計			1,000,000円	47,000円

正解　4)

2-15 ポートフォリオの考え方③

《問》 下記の資料に基づいたポートフォリオに関する次の文章のうち、最も不適切なものはどれか。なお、A社とB社のリスクとリターンは同じ、C社のリスクとリターンはA社・B社よりも大きいものとする。

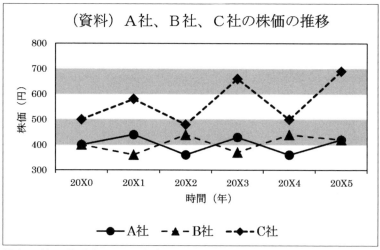

（資料）A社、B社、C社の株価の推移

1) A社とC社は値動きが同じ方向になっているので、正の相関関係にあるといい、A社とB社、B社とC社は値動きが反対方向になっているので、負の相関関係にあるという。

2) リターンに関してはA社とC社を50%ずつ組み合わせたポートフォリオと、B社とC社を50%ずつ組み合わせたポートフォリオは同じである。

3) リスクに関してはA社とC社を50%ずつ組み合わせたポートフォリオよりも、B社とC社を50%ずつ組み合わせたポートフォリオの方が小さくなる。

4) B社とC社を組み合わせたポートフォリオのリスクは、B社のリスクよりも小さくなる可能性はない。

・解説と解答・

1) 適切である。相関関係を数値化したものが相関係数であり、＋1から－1までの数値をとる。相関係数が－1でポートフォリオ効果が最大になり、＋1でポートフォリオ効果が生じなくなる（ゼロになる）。

2) 適切である。リターンに関しては相関関係にかかわらず、ポートフォリオを構成する資産のリターンの加重平均と一致する。

3) 適切である。リスクに関しては相関関係により、ポートフォリオを構成する資産のリスクの加重平均以下になる。これをポートフォリオ効果と呼ぶ。

4) 不適切である。B社とC社のように負の相関関係にあるものを組み合わせたポートフォリオのリスクは、B社のリスクよりも小さくなる可能性がある。下の表はB社を60％、C社を40％組み合わせたポートフォリオの動きを表示している。B社単独よりも振れ幅が小さくなっている様子がわかる。

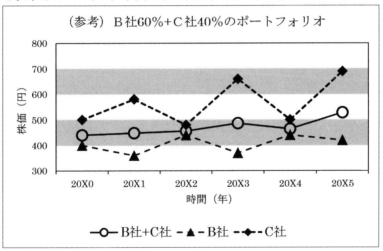

（参考）B社60％＋C社40％のポートフォリオ

正解　4)

2−16　ポートフォリオの考え方④

《問》　ポートフォリオ理論に関する次の記述のうち、最も不適切なものは
どれか。
1) ポートフォリオの収益率は、組み入れた資産間の相関係数にかかわら
ず、常に構成する資産の収益率の加重平均となる。
2) 一般的に、リスクというと保有資産が損失を受ける可能性のことをイ
メージするが、ポートフォリオ理論においては、収益率の変動幅の大
きさ、統計学で言う収益率の標準偏差のことを指す。
3) ポートフォリオのリスクが、ポートフォリオを構成する各資産のリス
クの加重平均より小さくなることを、ポートフォリオ効果という。
4) 2つの資産からなるポートフォリオにおいて、2資産間の相関係数が
ゼロの場合、ポートフォリオ効果は生じない。

・解説と解答・

1) 適切である。リターンに関しては、常に加重平均になるのでポートフォリ
オ効果はない。
2) 適切である。ポートフォリオ理論におけるリターンは収益率の加重平均、
リスクは収益率の標準偏差を意味する。これら2つの要素を活用するのが、
平均・分散アプローチである（分散は標準偏差を2乗したもの）。
3) 適切である。収益率の変動が小さくなるリスク低減効果を、ポートフォリ
オ効果という。
4) 不適切である。ポートフォリオ効果が生じないのは、2資産間の相関係数
が＋1の場合のみである。正の相関であっても＋1でない限り（例えば＋
0.9の場合であっても）、わずかながらリスクは加重平均以下になるので
ポートフォリオ効果が生じる。なお、相関係数が−1の場合、ポートフォ
リオ効果が最大になる。

正解　4)

2-17　パフォーマンス評価①

《問》　金融商品の投資効率性を評価する指標であるシャープレシオに関する次の記述のうち、最も適切なものはどれか。

1) シャープレシオは、「リターンはなるべく低い方がよく、リスクはなるべく高い方がよい」という考え方に基づいた指標である。
2) シャープレシオの計算において使用する超過リターンは、リターンから無リスク資産利子率（安全資産とされる短期国債利回りなど）を差し引いた数値で求められる。
3) シャープレシオの計算において、分母のリターンが大きく、分子のリスクが小さいほど運用効率が高いことを表している。
4) シャープレシオは、投資信託評価機関などが行う定性評価に活用されることが多い。

・解説と解答・

1) 不適切である。「リターンはなるべく高い方がよく、リスクはなるべく低い方がよい」という考え方に基づいて、リスクに見合ったリターンが得られているか運用の効率性を比較する指標である。
2) 適切である。
3) 不適切である。正しくは、「分母のリスクが小さく、分子のリターンが大きいほど運用効率が高い」である。シャープレシオ＝（リターン－無リスク資産利子率）÷リスク。数値が大きいほど、低いリスクで高いリターンを得たことになり、投資効率が高いことを表している。
4) 不適切である。「定量評価に活用されることが多い」が正しい。

正解　2)

2-18　パフォーマンス評価②

《問》　下記の資料および文章は、ファンドAとファンドBの過去1年間の
運用パフォーマンスを示したものである。空欄①および②にあては
まる語句等の組合せとして、次のうち最も適切なものはどれか。な
お、問題の性質上、表示しない数値は「□□□」で示してある。

<資料>ファンドAとファンドBの過去1年間の運用パフォーマンス

	リターン	リスク
ファンドA	6%	20%
ファンドB	9%	40%

無リスク資産利子率は1.0%とし、資料の数値により、シャープレ
シオの値を算出するとファンドAは（　①　）、ファンドBは□□□
となる。よってシャープレシオの比較においては、過去1年間は
（　②　）であったと判断される。

1)　①0.25　②ファンドAの方が効率的な運用
2)　①0.25　②ファンドBの方が効率的な運用
3)　①0.30　②ファンドAとファンドBの運用効率は同等
4)　①0.30　②ファンドAの方が効率的な運用

・解説と解答・

シャープレシオは（リターン－無リスク資産利子率）÷リスクで求める。
ファンドA：（6％－1％）÷20％ =0.25
ファンドB：（9％－1％）÷40％ =0.20
したがって、ファンドAの方がシャープレシオの数値が大きいので、ファン
ドAの方が効率的な運用であったと評価される。

正解　1)

2-19　ライフプランニング①

《問》　ライフプランニングに関する次の記述のうち、最も不適切なものはどれか。

1) ライフプランニングにあたって作成するキャッシュフロー表において、支出項目に計上する基本生活費は、家族構成が変わらなかったとしても適宜見直しが必要である。
2) 可処分所得は、年間の収入金額から直接税、社会保険料、扶養控除を控除した額とすることが一般的である。
3) 住宅ローンの返済方法を元金均等返済とした場合、その返済額は毎年減少し、元利均等返済の場合は毎年同額となる。
4) 一般に、老後までに時間がある若年層は比較的リスクがとりやすく、年をとるほどリスク許容度は低くなるとされている。

・解説と解答・

1) 適切である。基本生活費（食費・高熱費・被服費などの基本的な家計支出）は、例えば子供の年齢によってスマートフォン等の通信費などの影響を受ける可能性があるため、家族構成が変わらなかったとしても見直しが必要となる。
2) 不適切である。扶養控除は所得税等を計算するプロセスで使われる概念に過ぎず、実際に差し引かれる額ではないので、手取り額には直接影響しない。
3) 適切である。元金均等返済方式は元利均等返済よりも返済の前倒しとなるため、返済総額は少なくなる。
4) 適切である。米国の投資アドバイザーが伝統的に使用してきた有名な簡略ルールによれば、リスク資産比率は「100－年齢」（％）がよいとされ、高齢になるほどリスク資産比率を下げるべきであるとしている。

正解　2)

2-20 ライフプランニング②

《問》 15年で9,000万円を貯める場合、毎年の積立額（概算）として、次のうち最も適切なものはどれか。なお、積立期間中の運用利回り（複利）は年2％とし、積立ては年1回行うものとする。また、下記の係数表を利用して算出すること。

（係数表）金利2％、年数15年

年金現価係数	12.8493
資本回収係数	0.0778
年金終価係数	17.2934
減債基金係数	0.0578

1) 480万円
2) 520万円
3) 600万円
4) 700万円

・解説と解答・

9,000万円÷年金終価係数17.2934≒520万円
または、9,000万円×減債基金係数0.0578≒520万円

正解　2)

【考え方】
各係数の使い方を覚えていなくても下記のSTEPで正解にたどり着ける。
STEP 1　金利がゼロで考える。9,000万円÷15年＝600万円
STEP 2　金利が付くから600万円より少なくてよいはず。
STEP 3　9,000万円に係数をかける（×）、または、割って（÷）、600万円より少ない金額になるものを探す。

9,000万円÷年金現価係数12.8493≒700万円　該当せず
9,000万円×資本回収係数0.0778≒700万円　該当せず
9,000万円÷年金終価係数17.2934≒520万円　該当する
9,000万円×減債基金係数0.0578≒520万円　該当する

∴正解は9,000万円を年金終価係数で割るか、減債基金係数をかけた520万円

である。

　資本回収係数＝１÷年金現価係数、減債基金係数＝１÷年金終価係数の関係がある。

　【参考問題】　毎年240万円を15年に渡り取り崩したい。金利２％ならいくら貯金があればよいか。

　STEP 1　　金利がゼロなら240万円×15年＝3,600万円

　STEP 2　　金利が付くから3,600万円より少なくてよいはず。

　STEP 3　　240万円×または÷で、3,600万円より少ない金額になる係数を探す。

　　　　　　240万円×年金現価係数12.8493≒3,085万円　該当する

　　　　　　240万円÷資本回収係数0.0778≒3,085万円　該当する

　　　　　　240万円×年金終価係数17.2934≒4,150万円　該当せず

　　　　　　240万円÷減債基金係数0.0578≒4,150万円　該当せず

　∴正解は240万円に年金現価係数をかけるか、資本回収係数で割った3,085万円である。

2-21　ゴールベース・アプローチ

> 《問》　資産運用におけるゴールベース・アプローチに関する次の記述のう
> 　　　ち、最も不適切なものはどれか。
> 1)　ゴールベース・アプローチとは、達成したい目標を設定し、その目標
> 　　達成のための運用計画を立てて投資を実行する手法で、米国において
> 　　1990年代半ばから普及し始めた。
> 2)　ゴールベース・アプローチにおけるゴールの具体例としては、「子の
> 　　進学資金」、「新しい車を買いたい」、「100万円を貯めたい」、「儲かり
> 　　そうな株式に投資したい」、「老後の生活資金」などが考えられる。
> 3)　ゴールを明確にすることで、非合理バイアスであるメンタルアカウン
> 　　トをよい方向に利用し、ゴール達成の意欲を高める効果が期待できる。
> 4)　ゴールが長期的なものであれば、自然と長期運用につながり、市場の
> 　　動向によって長期投資をあきらめることを防止する効果が期待でき
> 　　る。

・解説と解答・

1)　適切である。ゴールベース・アプローチはさまざまな金銭目標（ゴール）
　　をリストアップし、別々に管理するものである。ゴールベース・アプロー
　　チ以前は投資が金額ベースだけで決定・管理され、投資目的を意識しない
　　ものであった。米国では対面アドバイザーの多くがゴールベース・アプロー
　　チを採用しているといわれている。

2)　不適切である。ゴールベース・アプローチにおいては顧客が人生で実現し
　　たい目標をゴールと考えるため、「子の教育費のために500万円を貯めたい」
　　というように、何のために、いくら必要かを設定する。したがって、「100
　　万円を貯めたい」とか「儲かりそうな株式に投資したい」はゴールとはい
　　えない。

3)　適切である。これを行動論的ポートフォリオ理論と呼ぶ。これ以前のポー
　　トフォリオ理論は投資家が合理的であることを前提にしていたが、現実の
　　投資家は合理的でない側面を持つことから限界が指摘されていた。2-11
　　行動ファイナンス②参照。

4)　適切である。理論的には長期投資が望ましいとされていても実行できる人

は少ないが、資産形成の目的には長い視点に立ったものが多いため、ゴールベース・アプローチによって、投資家を長期投資に誘導することができるとされている。

__正解　2)__

2-22 ファイナンシャル・ウェルビーイング

《問》 ファイナンシャル・ウェルビーイングに関する次の記述として、適切なものを○、不適切なものを×とした場合、次のうち最も適切な組合せはどれか。

a) 「自律的および他律的な要因を踏まえて、自分の現在および将来の経済状況を管理し、これに安全を持ち、自由を持つこと」が、個人のファイナンシャル・ウェルビーイングである。

b) 2024年設立の金融経済教育推進機構の目的の1つとして、ファイナンシャル・ウェルビーイングの実現がある。

c) ファイナンシャル・ウェルビーイングを具体的に検討すると、個人の「ヒト、モノ、お金」の3要素で、生涯を通じて発生する「金融資産と支出のギャップ」に対応していくことが必要になる。

1) a：○　b：○　c：×
2) a：○　b：×　c：○
3) a：×　b：○　c：○
4) a：○　b：○　c：○

・解説と解答・

a) 適切である（金融庁「2023事務年度金融行政方針」（2023年8月））。OECD（経済協力開発機構）の文書を紹介する形で、「個人のファイナンシャル・ウェルビーイングとは、自律的および他律的な要因を踏まえて、自分の現在および将来の経済状況を管理し、これに安全を持ち、自由を持つことを指す」と記載されている。また、2024年3月15日に閣議決定した金融庁「国民の安定的な資産形成の支援に関する施策の総合的な推進に関する基本的な方針」Ⅰ-1において、ファイナンシャル・ウェルビーイングを「自らの経済状況を管理し、必要な選択をすることによって、現在及び将来にわたって、経済的な観点から一人ひとりが多様な幸せを実現し、安心感を得られている状態」と記している。

b) 適切である（金融庁「2023事務年度金融行政方針」（2023年8月））。「（金融経済教育推進機構は）一人ひとりに寄り添った個別相談を実施していく

とともに、顧客の立場に立ったアドバイザーの認定・支援を行うことを通じて、個人が安心して相談できる環境づくりに取り組む。これにより、国民一人ひとりが描くファイナンシャル・ウェルビーイングを実現し、自立的で持続可能な生活を送ることのできる社会づくりに貢献していく」と記載されている。また、2024年3月15日に閣議決定した金融庁「国民の安定的な資産形成の支援に関する施策の総合的な推進に関する基本的な方針」Ⅱ－3－（9）においても、金融経済教育推進機構は、「金融リテラシーの向上を図るプラットフォーマーとして、時代の移り変わりと個人の多様性に即した金融経済教育を提供し、いまと未来の暮らしをより良くする金融サービスの活用や資産の形成と活用を支援する。これにより、国民一人ひとりが描くファイナンシャル・ウェルビーイングを実現し、自立的で持続可能な生活を送ることのできる社会づくりに貢献していく」と記載されている。

c)　適切である（「安心ミライへの「金融教育」ガイドブックQ＆A」（金融財政事情研究会刊））。

　したがって、適切な組合せは、4）である。

正解　4）

2－23　社会保険の基本①公的年金

《問》　公的年金に関する次の記述のうち、最も不適切なものはどれか。
1)　第1号被保険者である自営業者の国民年金保険料は年収にかかわらず年度ごとに一定であるが、厚生年金保険加入者の厚生年金保険料は年収に応じて変わる。
2)　遺族基礎年金は「子のある配偶者」または「子」のみ受給することができ、「子のない配偶者」は受給することができない。
3)　夫が死亡したときに40歳以上で子のない妻が受ける遺族厚生年金には、40歳から65歳になるまでの間、中高齢寡婦加算が加算される。
4)　離婚等をした際に婚姻期間中の厚生年金記録（標準報酬月額・標準賞与額）を当事者間で分割できる制度として合意分割と3号分割があるが、いずれも原則として、離婚等をした日の翌日から起算して3年以内に請求しなければならない。

・解説と解答・

1)　適切である。なお、国民年金保険料は、毎年度見直しが行われる。また、厚生年金保険の保険料は、毎月の給与（標準報酬月額）と賞与（標準賞与額）に共通の保険料率をかけて計算され、事業主と被保険者とが半分ずつ負担する。
2)　適切である。なお、遺族基礎年金の受給対象者の要件における「子」とは、18歳になった年度の3月31日までにある者、または20歳未満で障害年金の障害等級1級または2級の状態にある者を指す（国民年金法37条の2）。
3)　適切である。中高齢寡婦加算とは、遺族厚生年金の加算給付の1つである。遺族基礎年金は子のない妻には支給されず、子がいてもその子が18歳（18歳の誕生日の属する年度末まで）または20歳（1級・2級の障害の子）に達すれば支給されなくなるが、夫が死亡したときに40歳以上で子のない妻（夫の死亡後40歳に達した当時、子がいた妻も含む）が受ける遺族厚生年金には、40歳から65歳になるまでの間、中高齢の寡婦加算（定額）が加算される。妻が65歳になると自分の老齢基礎年金が受けられるため、中高齢の寡婦加算はなくなる。
4)　不適切である。いずれも原則として、離婚等をした日の翌日から起算して

2年以内に請求しなければならない。

<u>正解　4)</u>

2-24 社会保険の基本②公的年金

《問》 大学生Ａが専門家Ｂに公的年金について相談している。次の会話の
下線部①から④のうち最も不適切なものはどれか。

Ａ：今、大学３年で就職活動を始めるのですが、社会保険、特に年金につ
いて知っておきたいと思っています。

Ｂ：大学３年ということは20歳でしょうか。国民年金保険料の納付は始め
ていますか。

Ａ：何か書類が来ていたような気がしますが、何もしていません。

Ｂ：公的年金と聞くと遠い将来の話だと思われがちなのですが、Ａさんに
万一のことが起こった場合には、明日の話になるかもしれないのです。
①公的年金には、老齢、障害を支給事由とする２つの年金があります。
事故や病気が原因で重い障害を抱えた場合、若い方でも障害年金を受
給できます。しかし、国民年金保険料を納付していない場合、障害年
金を受給できないことになります。

Ａ：でも、保険料を毎月納めることは難しいです。

Ｂ：そのような方のために、申請により在学中の国民年金保険料の納付が
猶予される「学生納付特例制度」が設けられています。②この制度の
申請をして承認を受けた期間は、障害基礎年金・遺族基礎年金を請求
する場合には、保険料納付済期間と同じ扱いになります。また、③老
齢基礎年金を請求する場合には、受給資格期間（最低10年必要）に含
まれますが、年金額には反映されません。さらに、④学生納付特例の
承認を受けた期間は、10年以内であればあとから保険料を納める追納
ができます。追納すれば老齢基礎年金の年金額に反映されます。

1) 下線部①
2) 下線部②
3) 下線部③
4) 下線部④

・解説と解答・

1) 不適切である。公的年金には、老齢、障害、遺族を支給事由とする３つの

年金がある。

2)　適切である。学生納付特例制度の承認を受けている期間は、保険料納付済期間と同様に、一定の要件を満たした場合は障害基礎年金や遺族基礎年金が支給される。

3)　適切である。老齢基礎年金を受け取るためには、原則として保険料の納付済期間等が10年以上必要だが、学生納付特例制度の承認を受けた期間は、この10年以上という老齢基礎年金の受給資格期間に含まれる。ただし、老齢基礎年金の額の計算の対象となる期間には含まれない。

4)　適切である。ただし、学生納付特例の承認を受けた期間の翌年度から起算して、3年度目以降に追納する場合、承認当時の保険料に経過期間に応じた加算額が上乗せされる。

<u>正解　1)</u>

2-25 社会保険の基本③健康保険

《問》 健康保険に関する次の記述のうち、最も不適切なものはどれか。

1) 組合管掌健康保険の保険料率は組合ごとに、全国健康保険協会管掌健康保険の一般保険料率は都道府県ごとに算定される。

2) 被保険者本人が出産したときは「出産育児一時金」、被扶養者である家族が出産したときは「家族出産育児一時金」、被保険者本人が出産のために仕事を休んで給与等がもらえないときは「出産手当金」が支給される。

3) 被保険者が業務外の事由により病気やケガで就業不能となった場合、傷病手当金が支給されるが、支給要件は、①療養のためであること、②労務不能であること、③休業した期間について給与の支払いがないことの3点のみである。

4) 被保険者が同一月内に同一の医療機関等で支払った医療費の一部負担金等の額が、その者に係る自己負担限度額を超えた場合、所定の手続きにより、支払った一部負担金等の自己負担限度額を超える部分が高額療養費として支給される。

・解説と解答・

1) 適切である。なお、健康保険の保険料は、毎月の標準報酬月額（月収）と標準賞与額（賞与）に保険料を賦課する総報酬制となっている。

2) 適切である。被保険者または被扶養者が出産したときは、出産育児一時金または家族出産育児一時金が被保険者に支給される。2023年4月1日以降の出産の場合、支給金額は1児につき50万円（産科医療補償制度対象出産でない場合は48万8,000万円）である。また、出産手当金は、被保険者が出産のために会社を休み、その間給与を受けられない場合は、出産日（出産が予定日より遅れた場合は出産予定日）以前42日（多胎妊娠のときは98日）から出産の翌日以後56日の範囲で支給される。

3) 不適切である。支給を受けるためには、①療養のためであること②労務不能であること③4日以上休業したこと④休業した期間について給与の支払いがないことの4点すべてを満たす必要がある。療養のため、休業した日から連続した3日間の待機期間を置き、労務不能で4日以上休業した場合、

その4日目から支給される。なお、支給期間は、支給開始日から通算して最長で1年6カ月間である。

4)　適切である。70歳未満の場合、2万1,000円以上の額は、複数の医療機関の自己負担額を合算できる。また、同一の世帯で同じ月に2万1,000円以上の自己負担が2件以上生じた場合は、これらを合算して1世帯で自己負担限度額を超えた分が払い戻される。

正解　3)

2-26 社会保険の基本④健康保険

《問》 次の文章は、金融機関Xの職員Aが、顧客Bから、健康保険に関して質問を受けた際の会話の一部である。下線部①〜④のうち、最も不適切なものはどれか。

B：来年、会社を定年退職するのですが、社会保険、特に健康保険はどうすればよいでしょうか。

A：定年退職後の公的健康保険には選択肢が3つあります。1つは任意継続、次に国民健康保険、最後にもしご家族に会社勤めの方がいらっしゃる場合には、その方が加入されている健康保険に扶養家族として加入することが考えられます。①退職後も退職前に加入していた健康保険に最長2年間加入できる制度を任意継続といいます。ただし、②任意継続の場合、保険料はこれまで会社が負担していた部分を含めて支払うことになりますので2倍になります。

B：任意継続が終了した後はどうなりますか。

A：国民健康保険に加入するか、あるいは勤務されている方の扶養家族として健康保険組合に加入するか、になります。いずれ③75歳になりますと後期高齢者医療制度の被保険者になることになります。

B：大きな病気をした場合、医療費の負担が大きくなりそうで心配です。

A：④そのような場合のために高額療養費制度があります。ただし、差額ベッド代は高額療養費制度の対象となりますが、先進医療にかかる費用だけは高額療養費制度の対象外となりますので、それに備えるためには民間の医療保険への加入が考えられます。

1）下線部①
2）下線部②
3）下線部③
4）下線部④

・解説と解答・

1）　適切である。健康保険の任意継続被保険者制度は、健康保険の資格を喪失した後も2年間は退職前に加入していた健康保険の被保険者になることが

できる制度である。利用するためには被保険者期間が資格喪失日の前日まで継続して2カ月以上あることと、資格喪失日から、原則として20日以内に申請することが必要である（協会けんぽの場合は住所地の各都道府県支部へ、組合管掌健康保険は健康保険組合へ申請）。

2) 適切である。健康保険の任意継続被保険者制度の保険料は、40歳以上65歳未満の者は介護保険料を含め全額被保険者負担となり、その基準となる標準報酬月額は、被保険者資格喪失時（退職時）の標準報酬月額またはその者が属している健康保険の全被保険者の前年の標準報酬月額の平均額のいずれか低いほうとなる。なお、2022年1月から健康保険組合で規約に定めれば「資格喪失時の標準報酬月額」が「全被保険者の前年の標準報酬月額の平均額」より高い場合は、「資格喪失時の標準報酬月額」とすることが可能となった（健康保険法37条、47条1項・2項）。

3) 適切である。原則として、国民健康保険や健康保険の被保険者が75歳になると、それらの被保険者資格を喪失し、後期高齢者医療制度の被保険者となる。保険料の額は、被保険者の前年所得に応じて計算される「所得割額」と、被保険者が均等に負担する「均等割額」の合計額となる。所得割額の計算に用いる所得割率や均等割額は、後期高齢者広域連合ごとに定められる。また、療養の給付等の自己負担割合は、原則としてかかった医療費の1割だが、一定以上所得がある者（一定以上所得者）は2割、現役並み所得者は3割となる。自己負担割合の判定は、毎年8月1日に行われる。

4) 不適切である。差額ベッド代や先進医療にかかる費用など健康保険扱いの対象とならないもの（選定療養分・評価療養分）や、食事療養標準負担額、生活療養標準負担額などは高額療養費の対象外である。

正解　4)

2−27　社会保険の基本⑤介護保険

《問》　公的介護保険に関する次の記述のうち、最も不適切なものはどれか。
1)　市区町村へ要介護認定の申請を行った場合、認定は最初の申請から原則30日以内に行われ、その認定の効力は申請のあった日に遡ってその効力を有する。
2)　公的年金制度から年額12万円以上の年金を受給している第1号被保険者の介護保険料は、原則として公的年金から特別徴収される。
3)　居宅サービスを利用する場合、要介護度別に支給限度額が定められており、限度額を超えてサービスを利用した場合は、超えた分が全額自己負担となる。
4)　公的介護保険の給付は、原則として、介護サービスそのものが給付される「現物給付」であり、現金給付機能はない。

・解説と解答・

1)　適切である。なお、介護認定の流れは、①市区町村へ申請、②市区町村の調査等、③要支援・要介護認定、④決定の通知となっており、介護区分が軽い方から、要支援（1、2）もしくは要介護（1～5）のいずれかの区分に認定されると介護保険の保険給付が受けられる。
2)　不適切である。公的年金制度から年額18万円以上の年金を受給している第1号被保険者の介護保険料は、原則として公的年金から特別徴収される。
3)　適切である。
4)　適切である。所得の減少に備えたい場合は、民間保険会社の介護保険を利用することで、保険契約に定める所定の要介護状態に該当すると、契約時に定めた金額を受け取ることができる。

<u>正解　2)</u>

2-28　社会保険の基本⑥介護保険

《問》　次の文章は、金融機関Xの職員Aが、顧客Bから、公的介護保険に
関して質問を受けた際の会話の一部である。下線部①～④のうち、
最も不適切なものはどれか。

B：私は35歳なのですが、将来に備えて公的介護保険について教えてくだ
さい。

A：①公的介護保険は40歳以上が対象となっており、30歳代までは公的介
護保険の対象となっていません。また、②64歳までは要介護・要支援
状態になったとしても、老化に起因する特定疾病による場合にしか給
付を受けることが出来ません。

B：公的介護保険の保険給付にはどのようなものがありますか。

A：公的介護保険の保険給付は3種類あります。③1つ目は要介護者に対
する「予防給付」、2つ目は要支援者に対する「介護給付」、3つ目は
市区町村が任意で定める「市町村特別給付」です。予防給付には、大
きく分けて介護予防サービスと地域密着型介護予防サービスの2種類
があります。また、介護給付には、大きく分けて居宅サービス、施設
サービス、地域密着型サービスの3種類があります。

B：介護保険サービスを利用するための費用は、どの程度かかるのでしょ
うか。

A：④介護保険サービスを利用した場合、原則として、費用の1割が自己
負担となります。なお、ケアプランの作成については、利用者の自己
負担はありません。

1)　下線部①
2)　下線部②
3)　下線部③
4)　下線部④

・解説と解答・

1)　適切である。公的介護保険は、65歳以上の者は第1号被保険者、40歳以上
65歳未満の公的医療保険加入者は第2号被保険者となる。

2) 適切である。第1号被保険者は、原因を問わず要介護状態または要支援状態として市区町村から認定されると保険給付を受けることができるが、第2号被保険者は、「特定疾病」による要介護状態または要支援状態と認定を受けた場合に保険給付が受けられる。特定疾病とは、初老期認知症、脳血管疾患、がん（医師が一般に認められている医学的知見に基づき回復の見込みがない状態に至ったと判断したものに限る）などの加齢に伴って生じる心身の変化に起因する16種類の疾病を指す。

3) 不適切である。要介護者に対する保険給付は「介護給付」、要支援者に対する介護給付は「予防給付」である。

4) 適切である。一定以上所得者の場合は2割または3割の自己負担となる。

正解　3)

2−29　社会保険の基本⑦雇用保険

《問》　雇用保険に関する次の記述のうち、最も不適切なものはどれか。
1)　雇用保険の保険料は、「失業等給付に係る保険料」、「育児休業給付に係る保険料」、「雇用２事業に係る保険料」の３つに区分されるが、このうち、失業等給付に係る保険料と育児休業給付に係る保険料は、労働者と事業主で労使折半し負担する。
2)　求職者給付のうち「基本手当」は、失業した者が安定した生活を送りつつ、１日も早く就職できるよう給付するもので、原則として、離職の日以前の２年間に被保険者期間が12カ月以上あることが支給要件である。
3)　求職者給付のうち「基本手当」の受給期間は、原則として、離職した日の翌日から３年間である。
4)　就職促進給付のうち「再就職手当」は、基本手当の支給残日数が所定給付日数の３分の１以上ある受給資格者が安定した職業（１年を超えて引き続き雇用されることが確実と認められること）に再就職した場合や、一定の条件を備えて独立開業した場合に支給される。

・解説と解答・

1)　適切である。なお、雇用２事業（「雇用安定事業」および「能力開発事業」）に係る保険料は全額事業主が負担する。
2)　適切である。なお、被保険者期間とは、被保険者であった期間のうち、離職の日から遡った１カ月の期間に、賃金の支払基礎となる日数が11日以上ある月をいう。ただし、この要件を満たさない場合であっても、賃金の支払い基礎となる労働時間数が80時間以上ある場合は、被保険者期間１カ月として取り扱われる。また、特定受給資格者（倒産や解雇など会社都合による失業等の場合）は、前述の要件を満たさない場合であっても離職の日以前の１年間に、被保険者期間が６カ月以上あれば要件を満たす。
3)　不適切である。求職者給付のうち「基本手当」の受給期間は、原則として離職した日の翌日から１年間である。ただし、受給資格者の申出により、①定年退職等による場合は最大１年間、②妊娠、出産、育児、疾病、負傷、子の看護および一定のボランティア等のやむを得ない理由で引き続き30日

以上就業できない場合は最大3年間を受給期間に加えることができる。

4) 適切である。なお、基本手当の支給残日数が所定給付日数の3分の2以上の場合「基本手当日額×所定給付日数の残日数×70%」、基本手当の支給残日数が所定給付日数の3分の1以上の場合「基本手当日額×所定給付日数の残日数×60%」の計算式で支給額を算定する。

正解　3)

2−30　社会保険の基本⑧雇用保険

《問》　次の文章は、金融機関Ｘの職員Ａが、顧客Ｂから、雇用保険に関して質問を受けた際の会話の一部である。下線部①〜④のうち、最も不適切なものはどれか。

Ｂ：会社を退職したら雇用保険の求職者給付をもらえるのですよね。

Ａ：求職者給付は「無職の期間、自動的にもらえる」ものではありません。①「雇用の予約や就職が内定および決定していない失業の状態にある」ことが要件の１つです。失業の状態とは、「積極的に就職しようとする意思があること」、「いつでも就職できる能力（健康状態・環境など）があること」、「積極的に仕事を探しているにもかかわらず、現在職業に就いていないこと」をすべて満たす場合を指します。就職活動をする気がない場合には給付はありません。

Ｂ：でも、せっかく求職者給付がもらえるのに早めに就職してしまったら損ですよね。

Ａ：いやいや、②早めに就職が決まった場合にも、要件を満たせば雇用保険から再就職手当等の就職促進給付が支給されます。求職者給付を最大にすることよりも、よい就職先が見つかったらなるべく早く就職されることをお勧めします。

Ｂ：実は、親の介護のための転職なのです。

Ａ：介護が理由の場合、退職する前に現在お勤めの会社に相談することをお勧めします。③雇用保険は失業だけでなく、介護を理由とした休業に対しても給付があります。そのうえで退職した場合、④介護が理由の自己都合による離職として「特定受給資格者」に認定されれば、一般の自己都合による離職よりも所定給付日数が長くなる可能性があります。

1)　下線部①
2)　下線部②
3)　下線部③
4)　下線部④

・解説と解答・

1) 適切である。なお、求職活動はハローワークに限定されず、民間の転職サービスを利用した場合も該当する。ただし、いずれも「登録しただけ」では求職活動とはみなされない。

2) 適切である。早期に再就職した場合は、再就職先からの給料の他に、再就職手当を受給することで、雇用保険（基本手当）をすべて受け取ってから就職するよりも収入が多くなる可能性ある。

3) 適切である。介護休業給付は、一般被保険者または高年齢被保険者が対象家族（配偶者・父母・子・祖父母・兄弟姉妹・孫・配偶者の父母）を介護するために、介護休業を開始した日前2年間に賃金支払の基礎となった日数が11日以上ある月（時間数が80時間以上である月を含む）が12カ月以上であるときに、支給単位期間について支給される。

4) 不適切である。倒産・解雇等の理由により再就職の準備をする時間的余裕なく離職を余儀なくされた者を「特定受給資格者」、特定受給資格者以外の者であって期間の定めのある労働契約が更新されなかったことその他やむを得ない理由により離職した者を「特定理由離職者」という。介護等の正当な理由で自己都合により離職した者は、住所または居所を管轄する公共職業安定所または地方運輸局により「特定理由離職者」と認められれば、失業等給付（基本手当）の所定給付日数が一般の自己都合による離職よりも手厚くなる場合がある。

正解　4)

2-31　社会保険の基本⑨労災保険

《問》　労働者災害補償保険（以下、労災保険という）に関する次の記述の
うち、最も不適切なものはどれか。
1)　労災保険の適用を受ける労働者には、雇用形態がアルバイトやパート
タイマーである者も含まれる。
2)　労災保険の保険給付の対象となるのは、業務災害、複数業務要因災害
のみであり、通勤による労働者の負傷等は対象外である。
3)　労働者がやむを得ず労災病院や労災保険指定医療機関以外で治療を受
け、立替払した場合は、療養の費用が支給される。
4)　労働者が業務上の負傷または疾病により死亡した場合に支給される遺
族特別支給金は、遺族の数にかかわらず一時金として300万円である。

·解説と解答·

1)　適切である。会社で働く正社員をはじめ、アルバイト、パートタイマー、
外国人労働者など、雇用形態にかかわらずすべての労働者が適用を受ける。
2)　不適切である。労災保険の保険給付の対象となるのは、業務災害、複数業
務要因災害、通勤災害である。業務災害とは、業務上の事由による労働者
の負傷、疾病、傷害または死亡を指す。また、複数業務要因災害とは、複
数事業労働者（事業主が同一でない複数の会社等で勤務する労働者）の、
複数の勤務先での業務を要因とする災害を指し、2020年9月1日以後に発
生した傷病等が対象となる。通勤災害とは、労働者が通勤により被った負
傷、疾病、障害または死亡を指す。この場合の「通勤」とは、就業に関し、
次の①～③に掲げる移動を合理的な経路および方法により行うことをい
い、業務の性質を有するものを除くものとされている。①住居と就業の場
所との間の往復、②就業の場所から他の就業の場所への移動、③単身赴任
先住居と帰省先住居との間の移動。
3)　適切である。
4)　適切である。

正解　2)

2-32 社会保険の基本⑩労災保険

《問》 次の文章は、金融機関Xの職員Aが、顧客Bから、労働者災害補償
保険（以下、労災保険という）に関して質問を受けた際の会話の一
部である。下線部①～④のうち、最も不適切なものはどれか。

B：建設会社を経営しているのですが、労災保険について教えてください。
そもそも、私の会社は労災保険に加入しなければならないのでしょう
か。

A：①一部の事業を除き、労働者を1人でも使用している事業所は、強制
的に加入が義務付けられています。

B：必ず加入しなければならないのですね。では、労災保険の保険料は誰
が負担するのでしょうか。

A：②労災保険の保険料は、毎年4月1日から翌年3月31日までの1年間
分を、事業主と労働者で折半して支払います。

B：わかりました。では、労働者が病気やケガをした場合、どのような保
険給付が受けられるのでしょうか。

A：③労災病院や労災保険指定医療機関で療養補償給付として必要な治療
を受けることができます。療養補償給付として受ける療養の給付は、
健康保険と異なり、労働者の一部負担金はありません。また、④療養
のため4日以上会社を休み、賃金を受けられない場合、休業補償給付
として休業4日目から給付基礎日額の60％が支給されます。

1) 下線部①
2) 下線部②
3) 下線部③
4) 下線部④

・解説と解答・

労災保険制度は、労働者の業務上の事由または通勤による労働者の傷病等に
対して必要な保険給付を行い、あわせて被災労働者の社会復帰の促進等の事業
を行う制度である。その費用は、原則として事業主の負担する保険料によって
まかなわれている。労災保険は、原則として1人でも労働者を使用する事業は、

業種の規模の如何を問わず、すべてに適用される。なお、労災保険における労働者とは、「職業の種類を問わず、事業に使用される者で、賃金を支払われる者」をいい、労働者であればアルバイトやパートタイマー等の雇用形態は関係ない。

1)　適切である。

2)　不適切である。労災保険の保険料は、毎年4月1日から翌年3月31日までの1年間分をまとめて事業主が全額負担する。なお、労災保険の保険料の計算は、労働者の賃金総額に労災保険率を乗じて計算される。労災保険率は、事業の種類によって異なり1,000分の2.5から1,000分の88までの範囲で定められている。

3)　適切である。なお、労災病院や労災保険指定医療機関以外の病院等で治療を受けたときに立替払した場合は、療養の費用が支給される。

4)　適切である。なお、業務災害の場合は、3日目までは事業主が労働基準法の規定に基づく休業補償を行う。

正解　2)

2-33　金融ジェロントロジー①

《問》　X銀行Y支店の営業担当者Aは、高齢顧客Bと面談したところ、会話がかみ合わないことがあり、BがAの話を理解しているのか判断しかねることがあった。この事例に関する次の記述のうち、最も適切なものはどれか。

1) 高齢顧客Bをよく知っている営業担当者Aが、Bに意思能力があると判断すれば、取引を行っても問題になることはない。
2) 高齢顧客Bの意思能力の確認にあたっては、複数人のX銀行の職員がBと複数回面談を行い、複数時点で、意思能力ありと確信を持つ必要がある。
3) 高齢顧客Bの意思能力に疑問があっても、Bが成年後見制度を利用していなければ、B本人と取引をしても問題はない。
4) 意思能力の有無は会話では判断が難しいため、取引の手続書面に署名・押印ができれば、高齢顧客Bの意思能力に問題がないと判断できる。

・解説と解答・

　一般に、契約等の法律行為がいかなる結果を招くかを認識する精神能力を意思能力という。意思能力のない者と契約することはできず、外形的に契約書を作成し、署名・押印がなされていたとしても無効となる。改正民法において、法律行為の当事者が意思表示をした時に意思能力を有しなかったときは、その法律行為は無効とするとの規定が設けられた（民法3条の2）。

1) 不適切である。担当者単独の判断だけでなく、複数人で日時も変えて、慎重に意思能力を確認することが望ましい。
2) 適切である。
3) 不適切である。成年後見制度を利用していない場合でも、本人の意思能力があることを確認して取引を行わなければ、後日、取引の無効を主張されることになりかねない（民法3条の2）。
4) 不適切である。意思能力がない者が行った法律行為は無効である（民法3条の2）。単に署名・押印をもらうだけでなく、意思能力の確認をしたうえで、手続を行う必要がある。

正解　2)

2-34　金融ジェロントロジー②

《問》　X銀行Y支店の営業担当者Aは、高齢顧客Bと面談したところ、B
にはここ数年かかりつけの主治医Cがいることが判明した。Aとし
ては、Bの意思能力の有無や程度について判断がつかないため、主
治医Cに意見を聞きたいと考えている。この事例に関する次の記述
のうち、最も不適切なものはどれか。

1)　X銀行は高齢顧客Bと取引を行うにあたり、Bの意思能力を判断する
必要があるので、主治医CがBの同意なくX銀行の問合せに回答する
ことは、刑法134条（医師等の秘密漏示）に定める正当な理由がある
とみなされる。

2)　医師は、業務上取り扱ったことに関して知り得た患者の秘密につき、
守秘義務を負っているので、主治医CはX銀行に対して正当な理由な
しに高齢顧客Bの情報を開示することはできない。

3)　X銀行は、主治医Cへの照会について高齢顧客B本人から同意を得た
ときは、Bから同意書を受け入れて保管しておくことが望ましい。

4)　X銀行が高齢顧客Bの意思能力の有無に関して主治医Cに対して照会
を行う場合、あらかじめB本人の同意を得なければならない。

・解説と解答・

1)　不適切である。金融機関からの問合せというだけでは刑法134条に定める
正当な理由とはみなされない。

2)　適切である。医師には守秘義務があり、正当な理由なく業務上取り扱った
ことについて知り得た患者の秘密を洩らしたときは、6カ月以下の懲役ま
たは10万円以下の罰金に処せられる（刑法134条1項）。

3)　適切である。主治医から開示してもらう場合にも本人の同意が必要であり、
本人や家族との後日のトラブルを回避するためにも、同意書を受け入れて
保管することが望ましい。

4)　適切である。金融機関は個人情報取扱事業者であり、個人情報保護法20条
に基づき、偽りその他不正な手段により個人情報を取得してはならないた
め、本人の同意を得て照会しなければならない。

正解　1)

2-35 金融ジェロントロジー③

《問》 認知症の人の心理的特徴の1つとして、感情のコントロールが難しくなることで、不機嫌になりやすかったり、攻撃的な言動が増えたりする易怒性（いどせい）がある。この特徴を踏まえた、金融機関における高齢顧客への対応に関する次の記述のうち、最も不適切なものはどれか。
1) 本人の興味のある内容に話題を転換する。
2) 本人が抱く怒りの感情を受け止める。
3) 静かな個室に案内したり、対応する職員を変えたりする。
4) 怒らせてしまった理由を詳しく聴取し、矛盾点があれば指摘する。

・解説と解答・

感情の不満やいら立ちが募ったとき、認知症になるまでは理性で抑えられていた衝動が、抑えきれずに暴力や暴言となって現れることがある。
1) 適切である。学生時代や本人が輝いていた頃のエピソードを聞くなどして、これまでの思い出や家族に関する話題を出すとその話題に注意が向き、感情が落ち着くことがある。
2) 適切である。易怒性の高まった高齢顧客には、まずは気持ちを落ち着けてもらうことが大切である。無理に説明や説得をしたり、怒りの理由を聞き出そうとしたりせずに、本人の怒りの感情を受け止め、気持ちが収まるまで待つことが望ましい。
3) 適切である。場所や対応する職員を変えることで、本人の気分転換につながることがある。また、いったん本人との距離を離して客観的に事態を眺めることで、職員自身も冷静に対応するよう努めることが大切である。
4) 不適切である。認知症の人は、怒りの理由を尋ねられても自分の気持ちを言葉で上手に伝えることができない場合があり、怒りを助長させてしまう可能性がある。

正解 4)

2-36　金融ジェロントロジー④

《問》　認知症の主な症状に関する次の記述のうち、最も適切なものはどれ
か。
1)　会話や文字を通して自分の考えを表現したり、相手が話す内容を理解
したりする能力に障害がある状態を、失認という。
2)　特定の対象や情報に注意を向けたり、目の前の作業に集中したりする
能力に障害がある状態を、実行機能障害という。
3)　感覚機能は正常であるものの、対象を認識したり同定したりする能力
に障害がある状態を、失語という。
4)　日付や人の名前、場所などの感覚に障害がある状態を、見当識障害と
いう。

・解説と解答・

1)　不適切である。設問は失語の説明である。感覚機能は正常であるものの、
対象を認識したり同定したりする能力に障害がある状態を、失認という。
視覚的に提示された物品が分からなくなる「視覚性失認」、顔が認識できず、
その人が誰かわからなくなる「相貌失認」、障害が起きている脳の反対側
の視界が認識できなくなる「半側空間無視」などがある。
2)　不適切である。設問は注意障害の説明である。目標の達成のために手順の
見通しを立てて行動する能力に障害がある状態を、実行機能障害という。
料理やATMの操作などのように、一定の手順に従うことが必要な作業を
行う際に障害がみられる。1つ1つの動作はできるため、横で声掛けをし
ながら1つの動作をしてもらい、それが終わったら次の動作をしてもらう
といった補助をするとよい。
3)　不適切である。設問は失認の説明である。会話や文字で物事を表現したり、
相手が話す内容を理解したりする能力に障害がある状態を、失語という。
大きく分けると、うまく言葉を発することができなくなり、発話がたどた
どしくなる「運動性失語（ブローカ失語）」と、発話はなめらかであるが、
質問の意味が理解できなくなる「感覚性失語（ウェルニッケ失語)」など
がある。
4)　適切である。日付、曜日、季節、時刻、朝・夜などが答えられなくなるよ

うな障害を「時間の見当識障害」、住所、自分がいる場所などが答えられなくなるような障害を「場所の見当識障害」という。さらに、認知症の症状が進むと、夫や妻、息子や娘、友人といった重要な他者との関係性を認識できなくなる「人物の見当識障害」が現れることもある。

<u>正解　4)</u>

第3章

販売責任を理解する

3-1　プロダクトガバナンス①

《問》　金融庁「資産運用業高度化プログレスレポート2023」（2023年4月）（以下、本レポートという）において、プロダクトガバナンスに求められることとして、適切なものを○、不適切なものを×とした場合、次のうち最も適切な組合せはどれか。なお、本レポートは、日本の資産運用業の現状と課題を整理し、期待される方向性を記載したものである。

a)　資産運用会社が、自身の設定・運用する商品について、組成段階から、期待リターンが投資家の負担するコストに見合ったものとなっているか等を検証すること

b)　資産運用会社が、自身の設定・運用する商品について、組成後も想定した運用が行われ、コストに見合うリターンを提供できているかを定期的に検証すること

c)　資産運用会社が、自身の設定・運用する商品について、運用方針の変更に合わせて、想定投資家層を柔軟に変更できているかを定期的に検証すること

1)　a：○　　b：○　　c：×
2)　a：○　　b：×　　c：○
3)　a：×　　b：○　　c：○
4)　a：○　　b：○　　c：○

・解説と解答・

　プロダクトガバナンスについて、本レポートにおいて次の記載がある。「わが国における「プロダクトガバナンス」は、主に、資産運用会社が、自身の設定・運用する商品について、①組成段階から、期待リターンが投資家の負担するコストに見合ったものとなっているか等を検証し、②組成後も想定した運用が行われ、コストに見合うリターンを提供できているか、③商品性に合致した運用が継続可能か等を定期的に検証する等、個別商品ごとに品質管理を行うことを求めるものである」。また、金融審議会「市場制度ワーキング・グループ・資産運用に関するタスクフォース報告書」（2023年12月）は、「顧客本位の業務

運営に関する原則に資産運用会社のプロダクトガバナンスを中心とした記載を追加し、資産運用会社における個別商品ごとに品質管理を行うガバナンス体制の確立を図っていくことが適当である」と指摘している。

　なお、金融機関（販売会社）が、資産運用会社等が組成した商品の中から、取り扱う商品を選び、顧客に販売する場合、取り扱う商品の選定プロセスは、金融機関の専門性や顧客の最善の利益の追求、利益相反の適切な管理などが求められ、顧客本位の業務運営を進めるにあたって重視すべきポイントになる。商品選定時に留意すべき点として、金融商品のリスク・リターン、コスト、販売のしやすさ、説明のしやすさ等がある。

a)　適切である。

b)　適切である。

c)　不適切である。「運用方針の変更に合わせて、想定投資家層を柔軟に変更できているか」ではなく、正しくは「商品性に合致した運用が継続可能か」である。

　したがって、適切な組合せは、1）である。

正解　1）

3-2　プロダクトガバナンス②

《問》　金融庁「資産運用業高度化プログレスレポート2023」（2023年4月）（以下、本レポートという）において、「貯蓄から資産形成」を着実に推し進めるにあたっての課題について説明した以下の文章の空欄①～③に入る語句の組合せとして、次のうち最も適切なものはどれか。なお、本レポートは、日本の資産運用業の現状と課題を整理し、期待される方向性を記載したものである。

銀行や証券会社など、わが国における運用商品・サービスを提供する金融機関（以下、「販売会社」という。）については、時として、販売手数料獲得を目的とした顧客本位ではない販売行動が見受けられる。また、資産運用会社については、大手金融機関グループに属している社が市場で高いシェアを占め、経営陣の選任、商品の組成・販売・管理（プロダクトガバナンス）、（　①　）等の様々な場面でグループと顧客との間に利益相反の懸念が生じやすい状況にある。加えて、わが国では、資産運用会社の「事務」と「運用」、販売会社の「商品提供」と（　②　）が、同じ組織内で一体的に運営されることが一般的であり、同一の機能間の競争が十分ではなく、各機能の専門化・効率化が、米国や英国等と比べて遅れているようである。家計・個人への運用商品の情報開示も十分ではなく、中立的な第三者による運用商品の比較や評価も充実していないため、家計・個人と資産運用業界との情報の非対称性は大きく、（　③　）状況にある。

1)　①議決権行使　　②「契約の維持管理」　　③相乗効果が期待できない
2)　①投資先の選定　②「アドバイス」　　　　③相乗効果が期待できない
3)　①議決権行使　　②「アドバイス」　　　　③牽制が働き難い
4)　①投資先の選定　②「契約の維持管理」　　③牽制が働き難い

・解説と解答・

①議決権行使
②「アドバイス」

③牽制が働き難い

　　したがって、適切な組合せは、3）である。

正解　3）

3-3　金融商品取引法①

《問》　金融商品取引法の適合性の原則に関する次のa）〜c）の記述について、適切なものを〇、不適切なものを×とした場合、次のうち最も適切な組合せはどれか。

a）　一般的に、「広義の適合性の原則」とは、金融商品取引業者が、顧客の知識、経験、財産、投資目的等に適合した形で商品の販売・勧誘を行わなければならないとのルールを指す。

b）　金融庁の「金融商品取引業者等向けの総合的な監督指針」では、金融商品取引法における適合性の原則に基づき、金融商品取引業者は、顧客属性等および取引実態を的確に把握しうる顧客管理態勢を確立することが重要であるとしている。

c）　金融商品取引業者等は、金融商品取引について高度な知識・経験を有しない顧客に対して複雑で容易に理解できない商品を勧誘することは禁止されている。

1）　a：〇　b：×　c：×
2）　a：〇　b：×　c：〇
3）　a：×　b：〇　c：×
4）　a：〇　b：〇　c：〇

・解説と解答・

a）　適切である（金融財政事情研究会「金融機関の法務政策6000講」）。

b）　適切である（金融庁「金融商品取引業者等向けの総合的な監督指針」Ⅲ－2－3－1柱書）。

c）　適切である（金融商品取引法40条1号参照）。「狭義の適合性の原則」により、ある一定の顧客に対しては、いかに説明を尽くしたとしても、一定の金融商品の販売・勧誘を行ってはならないとされている。

したがって、適切な組合せは、4）である。

正解　4）

3−4　金融商品取引法②

> 《問》　Ａ銀行が個人顧客に投資信託を販売する場合における損失補てんの
> 禁止に関する次の記述のうち、最も不適切なものはどれか。
>
> 1) 顧客からの要求により金融商品取引に係る損失補てんが行われた場
>   合、損失補てんを行ったＡ銀行だけではなく、当該顧客も刑事罰の対
>   象となる。
> 2) Ａ銀行の職員に過失はなく、コンピューターシステムの障害等を原因
>   として顧客の注文の執行を誤ったことにより当該顧客に損失を及ぼし
>   た場合は金融商品取引法上の「事故」に該当しないため、顧客に対し
>   損失補てんを行うことは認められない。
> 3) Ａ銀行が過失により顧客の注文の事務処理を誤り、それにより顧客に
>   損害が生じた場合、帳簿書類・記録により金融商品取引法上の「事故」
>   であることが明らかであるときは、Ａ銀行は、内閣総理大臣の確認を
>   受けることなく損失補てんを行うことができる。
> 4) Ａ銀行が勧誘の際に断定的判断を提供しており、それに基づいて投資
>   信託を購入した顧客に損害が生じた場合、Ａ銀行は、内閣総理大臣の
>   確認を受けたうえで損失補てんを行うことができる。

・解説と解答・

1) 適切である。顧客が損失補てん等の禁止（金融商品取引法39条２項）に違
   反した場合、顧客も刑事罰の対象となる（同法200条14号）。
2) 不適切である。電子情報処理組織の異常により、顧客の注文の執行を誤り、
   これによって顧客に損失を及ぼした場合は事故に該当するとされ、損失補
   てんの禁止の例外となる（金融商品取引法39条３項、金融商品取引業等に
   関する内閣府令118条１号ニ）。
3) 適切である。金融商品取引業者等が事務処理を誤ることによって顧客に損
   失が生じた場合で、帳簿書類または顧客の注文の記録の内容によって事故
   であることが明らかな場合には、損失補てんをするにあたって、事故であ
   ることの確認は不要とされている（金融商品取引法39条３項、金融商品取
   引業等に関する内閣府令119条１項11号、118条１号ハ）。
4) 適切である。断定的な判断の提供等の法令違反行為を行うことにより顧客

に損害を及ぼした場合は、内閣総理大臣の確認のほか、確定判決があるとき等所定の場合を除き、事故確認手続を要する（金融商品取引法39条３項、金融商品取引業等に関する内閣府令118条１号ホ）。

<u>正解　2)</u>

3－5 金融サービス提供法①

《問》 Ａ銀行が個人顧客と取引を行う場合の金融サービス提供法の適用に関するａ）～ｃ）の記述について、適切なものを〇、不適切なものを×とした場合、次のうち最も適切な組合せはどれか。なお、本問における個人顧客は、金融サービス提供法上の特定顧客ではないものとする。

ａ） 個人顧客との契約締結にあたり、Ａ銀行が金融商品の販売に係る事項について断定的判断の提供を行うことは、金融サービス提供法において禁止されている。

ｂ） Ａ銀行が、個人顧客に対して金融サービス提供法上の説明義務を負う場合にもかかわらず、重要事項を説明せずに契約を締結した場合、個人顧客は金融サービス提供法に基づきその契約を取り消すことができる。

ｃ） Ａ銀行は、金融サービス提供法上の重要事項の説明を、顧客の属性にかかわらず、一般的な個人顧客に理解されるために必要な方法と程度により画一的に行う必要がある。

1) ａ：× ｂ：〇 ｃ：〇
2) ａ：× ｂ：× ｃ：〇
3) ａ：〇 ｂ：× ｃ：×
4) ａ：〇 ｂ：〇 ｃ：×

・解説と解答・

ａ） 適切である。金融サービス提供法上、金融商品販売業者等が、金融商品の販売に係る事項について、不確実な事項につき断定的判断の提供を行うこと、または、確実であると誤認させるおそれのあることを告げることは禁止されている（金融サービス提供法5条）。

ｂ） 不適切である。金融商品販売業者等が重要事項に関する説明義務を果たさない場合、金融商品販売業者等は顧客に対する損害賠償責任を負うことがあるが（金融サービス提供法6条）、顧客は同法に基づき契約を取り消すことができるわけではない。

c)　不適切である。金融サービス提供法上の重要事項の説明は、顧客の知識、経験、財産の状況および当該金融商品の販売に係る契約を締結する目的に照らして、当該顧客に理解されるために必要な方法および程度により行う必要がある（金融サービス提供法4条2項）。

　したがって、適切な組合せは、3）である。

<u>正解　3）</u>

3-6　金融サービス提供法②

《問》　金融サービス提供法上、金融商品販売業者等の顧客に対する説明義務に関する次の記述のうち、最も不適切なものはどれか。なお、本問における「顧客」は、金融サービス提供法上の特定顧客ではないものとする。

1) 顧客が、金融商品販売業者等による重要事項の説明がなかったこと等を理由に、当該金融商品販売業者等に損害賠償を請求する場合、元本欠損額が、当該顧客に生じた損害の額と推定される。
2) 外貨預金は、為替相場の変動を原因として元本欠損を生じる可能性がある旨を説明しなければならない。
3) 金融商品販売業者等が顧客に対し、過去に同種の内容の金融商品を販売している場合であっても、重要事項の説明を省略することはできない。
4) 金融サービス提供法の適用対象となる金融商品について、「クーリング・オフの有無」は、金融商品販売業者等に説明義務がある重要事項に該当する。

・解説と解答・

1) 適切である（金融サービス提供法4条、6条、7条1項）。
2) 適切である（金融サービス提供法4条1項1号イ）。
3) 適切である。過去に同一の金融商品の販売を行ったことをもって、重要事項の説明を省略できる旨の規定は設けられていない。
4) 不適切である（金融サービス提供法4条1項）。金融サービス提供法の適用対象となる金融商品について、「クーリング・オフの有無」は、金融商品販売業者等に説明義務がある重要事項に該当しない。

正解　4)

3-7 金融商品取引法等改正①

《問》 2023年11月20日に可決、成立した「金融商品取引法等の一部を改正する法律」（令和5年法律第79号）に関するa）～c）の記述について、適切なものを〇、不適切なものを×とした場合、次のうち最も適切な組合せはどれか。

a) 顧客本位の業務運営の確保のため、最終的な受益者たる金融サービスの顧客や年金加入者の最善の利益を勘案しつつ、誠実かつ公正に業務を遂行すべきである旨の義務を、企業年金等関係者を除く金融サービスを提供する事業者に対して幅広く規定する。

b) 顧客本位の業務運営の確保のため、顧客属性に応じた説明義務を法定するとともに、顧客への情報提供におけるデジタル技術の活用に関する規定を整備する。

c) 金融リテラシーの向上等のため、利用者の立場に立って金融経済教育を広く提供するため「金融経済教育推進機構」を創設する。

1) a：× b：〇 c：〇
2) a：× b：× c：〇
3) a：〇 b：× c：×
4) a：〇 b：〇 c：×

・解説と解答・

a) 不適切である。「企業年金等関係者を除く」ではなく、正しくは「金融事業者や企業年金等関係者に対して幅広く規定する」である。

b) 適切である。

c) 適切である。

　したがって、適切な組合せは、1）である。

正解　1）

3－8　金融商品取引法等改正②

《問》　2023年11月20日に可決、成立した「金融商品取引法等の一部を改正する法律」（令和５年法律第79号）（以下、本改正という）に関するａ）～ｃ）の記述について、適切なものを○、不適切なものを×とした場合、次のうち最も適切な組合せはどれか。

a)　金融商品取引業者等は、金融商品取引契約締結前に顧客に対し情報の提供を行うときは、顧客の知識、経験、財産の状況および当該金融商品取引契約を締結しようとする目的に照らして、当該顧客に理解されるために必要な方法および程度により、説明をしなければならない。

b)　金融経済教育の推進等による金融リテラシーの向上、金融機関による顧客本位の業務運営など、安定的な資産形成の支援に係る施策を、政府一体となって強力に推進する観点から、「国民の安定的な資産形成の支援に関する施策の総合的な推進に関する基本的な方針」を策定（閣議決定）する。

c)　本改正は、成長の果実が家計に分配されるという「資金の好循環」を実現し、家計の安定的な資産形成を図ることが目的の１つとなっている。

1)　a：×　　b：○　　c：○
2)　a：○　　b：○　　c：×
3)　a：○　　b：×　　c：○
4)　a：○　　b：○　　c：○

・解説と解答・

a)　適切である。「顧客の知識、経験、財産の状況および当該金融商品取引契約を締結しようとする目的」とは、顧客属性のことである。

b)　適切である。

c)　適切である。

　したがって、適切な組合せは、4）である。

正解　4）

3-9　広告・景品表示①

《問》　景品表示法に関する次の記述のうち、最も不適切なものはどれか。
1)　事業者は、その供給する商品・役務の品質、規格などの内容について、一般消費者に対し、実際のものよりも著しく優良であると示すことにより、不当に顧客を誘引し、一般消費者による自主的かつ合理的な選択を阻害するおそれがあると認められる表示を行うことが禁止されている。
2)　景品表示法上の「景品類」とは、顧客を誘引するための手段として、方法のいかんを問わず、事業者が自己の供給する商品または役務の取引に附随して相手方に提供する物品、金銭その他の経済上の利益をいい、便益、労務その他の役務も含まれる。
3)　景品表示法上の「表示」とは、顧客を誘引するための手段として、事業者が自己の供給する商品等について行う広告等のことであり、店頭や電話等でのセールストークは「表示」に含まれない。
4)　事業者が景品表示法における違反行為を行った場合、消費者庁長官はその事業者に対し当該行為の差止めを命ずることができる。

・解説と解答・

1)　適切である（景品表示法5条1号）。消費者はよりよいサービスを求めるが、実際よりよく見せかける表示が行われたり、過大な景品付き販売が行われたりすると、それらにつられて消費者が実際には質のよくない商品やサービスを買ってしまい不利益を被るおそれがある。景品表示法は、商品やサービスの品質、内容、価格等を偽って表示を行うことを厳しく規制するとともに、過大な景品類の提供を防ぐために景品類の最高額を制限することなどにより、消費者がよりよい商品やサービスを自主的かつ合理的に選べる環境を守っている。
2)　適切である（景品表示法2条3項、「不当景品類及び不当表示防止法第二条の規定により景品類及び表示を指定する件」1項4号）。
3)　不適切である。景品表示法上の「表示」には、口頭による広告その他の表示も含まれる（景品表示法2条4項、「不当景品類及び不当表示防止法第二条の規定により景品類及び表示を指定する件」2項2号）。

4)　適切である。(景品表示法7条1項、33条1項)。

正解　3)

3-10 広告・景品表示②

《問》 景品表示法等における「景品類」の提供に関する次の記述のうち、最も適切なものはどれか。

1) 景品類の価額は、景品類の提供を受ける者がそれを通常購入するときの価格により算定するとされており、消費税を含む金額となる。
2) 銀行業における景品類の提供の制限に関する公正競争規約に定める「きん少な額の景品類」とは、景品類を提供する回数1回につき5,000円以内のものをいう。
3) 銀行の宣伝用物品としての貯金箱、家計簿、カレンダー、手帳、ポスターは、銀行業における景品類の提供の制限に関する公正競争規約における「きん少な額の景品類」に含まれない。
4) 銀行の営業店において、実際に販売している金融商品に関するセミナーを開催し、参加した顧客に粗品を提供することは、銀行業における景品類の提供の制限に関する公正競争規約の規制を受けない。

・解説と解答・

1) 適切である（消費者庁「景品に関するQ&A」Q77）。
2) 不適切である。「きん少な額の景品類」とは、正常な商慣習に照らして適当なもののほか、1回（景品類を提供する回数を基準とする）につき1,500円以内のものをいうとされている（銀行業における景品類の提供の制限に関する公正競争規約3条2号、同施行規則2条1項）。
3) 不適切である。宣伝用の物品であって、正常な商慣習に照らして適当なものは「きん少な額の景品類」に含まれる（銀行業における景品類の提供の制限に関する公正競争規約3条2号、同施行規則2条2項）。
4) 不適切である。「景品類等の指定の告示の運用基準について」（昭和52年4月1日事務局長通達第7号）の4(2)ウにあるとおり、当該セミナーを自己の店舗で開催する場合には「自己の供給する商品又は役務の取引に付随」した提供にあたるとみなされ、景品類に該当するため、景品規約の定める範囲内で実施する必要がある（全国銀行公正取引協議会「景品規約に関する照会事例」〈照会事例15〉）。

<u>正解 1)</u>

3−11　高齢顧客ガイドライン①

《問》　日本証券業協会「協会員の投資勧誘、顧客管理等に関する規則第５条の３の考え方（高齢顧客への勧誘による販売に係るガイドライン）」（以下、高齢顧客ガイドラインという）に関する次の記述のうち、最も適切なものはどれか。なお、選択肢中の「勧誘留意商品」とは、高齢顧客ガイドライン上の、高齢者に勧誘しても問題がないと考えられる商品以外の商品のことをいい、役席者の事前承認を得る等、所定の手続きや条件を定めて慎重に対応する必要があるものを意味する。

1）　所定の手続きや条件にかかわらず、高齢顧客への勧誘による販売が可能と考えられる商品として、①国債、地方債、政府保証債等、②普通社債、③「公社債を中心に投資し、比較的安定的な運用を指向する」投資信託があげられており、外貨建ての債券および投資信託は含まれていない。

2）　外交先で高齢顧客に勧誘留意商品の勧誘を行うためのルールとして、説明内容や顧客の反応等の応接記録を残すため、高齢顧客等の了解を得て、ＩＣレコーダー等に会話を録音することや、帰社後に主な会話内容や高齢顧客等の様子を記録・保存しておくことなどが考えられる。

3）　電話で高齢顧客に勧誘留意商品の勧誘を行うためのルールとして、１回目の電話を終えた後、同日中に改めて電話等を行い、１回目の電話で行った勧誘内容が理解されているかについて確認してから受注することが適当である。

4）　店頭で高齢顧客に勧誘留意商品の勧誘を行うためのルールとして、投資や相談のために来店された高齢顧客が家族を同伴する場合は、高齢顧客本人ではなく同伴した家族から高齢顧客の名義で受注する方法が考えられる。

・解説と解答・

1）　不適切である。選択肢中の①②③に相当する「知名度や流動性が高い通貨建て（米ドル、ユーロ、オーストラリアドル等）」の債券および投資信託は、高齢顧客への勧誘による販売が可能と考えられる商品に該当する（高齢顧

客ガイドライン3−Q2）。顧客への投資勧誘にあたっては適合性の原則に則って行うべきものだが、高齢顧客に限定して社内規則を定める必要性について、高齢顧客ガイドラインは次のように説明している。「一般的に高齢者は、身体的な衰えに加え、記憶力や理解力が低下してくることもあるとされています。また、高齢者には新たな収入の機会が少なく、保有資産は今後の生活費であることも多いと考えられます。見た目には何ら変化がなく、過去の投資経験が豊富な顧客で、勧誘時点における理解も十分であったと思える顧客が、数日後には自身が行った取引等を全く覚えていなかったという事例も見られます。その結果、本人やその家族から苦情の申立てがなされ、あっせんや訴訟となってしまうケースも生じています。そこで、高齢顧客に投資勧誘を行う場合には、適合性の原則に基づいて、慎重な対応を行うため、各社の実情に応じた社内規則を定める必要があります」。

2) 適切である（高齢顧客ガイドライン4−Q1）。「言った」「言わない」等のトラブルの原因となるおそれがあるためである。

3) 不適切である（高齢顧客ガイドライン4−Q2）。電話で勧誘留意商品を勧誘する場合も、外交先での勧誘時と同じく、原則として翌日以降改めて電話等を行い、前日以前に行った勧誘内容が理解されているかについて確認してから受注することが適当である。

4) 不適切である（高齢顧客ガイドライン4−Q3）。投資や相談のために来店された高齢顧客が家族を同伴する場合は、同伴した家族から買付けに同意する旨を「買付指示書」に署名してもらった後、高齢顧客から「買付指示書」を受け取り受注する方法が考えられる。この場合、担当営業員が1人で受注してもよいと考えられている。

正解　2)

3-12　高齢顧客ガイドライン②

《問》　日本証券業協会「協会員の投資勧誘、顧客管理等に関する規則第5条の3の考え方（高齢顧客への勧誘による販売に係るガイドライン）」（以下、高齢顧客ガイドラインという）に関する次の記述のうち、最も不適切なものはどれか。なお、選択肢中の「勧誘留意商品」とは、高齢顧客ガイドライン上の、高齢者に勧誘しても問題がないと考えられる商品以外の商品のことをいい、役席者の事前承認を得る等、所定の手続きや条件を定めて慎重に対応する必要があるものを意味する。

1) 担当営業員による勧誘後、高齢顧客が自発的な意思によりインターネット取引を選択し発注する行為については、顧客自身がＩＤとパスワードを入力してログインするとともに、「銘柄」および「数量または金額」を入力して行うものであることから、受注に関しては高齢顧客ガイドラインの適用はない。

2) 外交、電話、店頭それぞれのケースで、高齢顧客が勧誘留意商品の勧誘を受けた後、当日中に買付けを行いたいと希望した場合でも、原則として翌日以降に受注することが適当である。

3) 80歳以上の高齢顧客への勧誘による販売を行った場合、高齢顧客への取引内容の連絡・確認について、外交、電話、店頭のいずれのケースにおいても、勧誘留意商品の勧誘後に受注に至ったときには、勧誘を行った担当営業員以外の者が、当該高齢顧客に取引内容について連絡・確認することにより、当該高齢顧客が当該取引を行ったことについての認識の確認をすることが望ましい。

4) 高齢顧客との取引の通話録音等の保存期間は、会社法による計算書類の保存期間と同じ10年が義務化されている。

・解説と解答・

1) 適切である（高齢顧客ガイドライン4-Q4）。ただし、高齢顧客ガイドラインでは、「勧誘前の役席者による承認は受けたものの、翌日以降の役席者による受注等の手続きを回避するために、担当営業員が高齢顧客をインターネット取引に誘導することが本ガイドラインの趣旨に反しているこ

とは言うまでもありません。役席者による事前承認等を得た、担当営業員による勧誘を伴う取引が、担当営業員による誘導によりインターネットで発注されていないか等のモニタリングを実施することが考えられます」と指摘されている。

2) 適切である（高齢顧客ガイドライン4－Q6）。なお、高齢顧客ガイドラインでは、「一律の対応によりトラブルになる可能性があることを考慮し、過去に同種の商品への投資経験がある等、当該高齢顧客が商品内容を十分に理解しており、当日の買付けを要請するやむを得ない事情がある場合については、手続きの例外として認めることができる場合もあると考えられます。」、「ただし、例外となるケースを幅広に設定してしまい、高齢顧客への勧誘による販売に関する社内規則を定めた趣旨が満たされなくなるようなことはあってはいけません。」と指摘されている。

3) 適切である（高齢顧客ガイドライン5－Q1）。なお、高齢顧客ガイドラインでは、この取引内容の連絡・確認は、必ずしもすべての高齢顧客に対して一取引ごとに行う必要はなく、当該高齢顧客の属性や取引状況等を勘案し、リスクベースで顧客、頻度、方法（記録方法を含む）、行う者を社内規則等で定めて行えばよいと考えられている。

4) 不適切である（高齢顧客ガイドライン6－Q4）。通話録音等の保存期間は規則化されていないが、通話録音等は担当営業員等が正しく社内規則を履行しているかの確認（モニタリング）の目的にとどまらず、後日高齢顧客やその家族から、取引当時の状況について質問等を受けた場合の確認資料として活用できるものなので、各社の実情に応じて十分な保存期間を定めておくことが望ましい。

<u>正解</u>　4)

3－13　金融ADR①

《問》　金融分野における裁判外紛争解決制度（金融ADR制度）に関する
　　　次の記述のうち、最も適切なものはどれか。
1)　銀行は、指定紛争解決機関が存在する場合には、指定紛争解決機関と
　　の間で手続実施基本契約を締結する措置を講じなければならない。
2)　全国銀行協会では、「あっせん委員会」が、紛争解決委員として顧客
　　と銀行の間の紛争についての紛争解決にあたるが、あっせん委員会は、
　　銀行が全国銀行協会相談室による苦情対応で納得が得られない場合等
　　に利用できるものとされている。
3)　顧客の申立てに基づき紛争解決手続が開始した場合、証券取引等監視
　　委員会は、銀行に対しその手続に応じるように求めることができ、そ
　　の求めがあったときは、銀行は、正当な理由なくこれを拒んではなら
　　ない。
4)　顧客が全国銀行協会のあっせん委員会による紛争解決手続を利用する
　　場合、顧客は、全国銀行協会に対して、申立てに係る所定の手数料を
　　支払う必要がある。

・解説と解答・

1)　適切である（銀行法12条の3第1項1号）。裁判外紛争解決制度（ADR制度）
　　とは、裁判によらずに法的なトラブルを解決する方法・手段のことをいう。
　　裁判に比較して、簡易・迅速・柔軟な紛争解決が可能であるとの特徴をもっ
　　た制度である。金融分野では銀行法や金融商品取引法、保険業法などにお
　　いて、「指定紛争解決機関」の規定が設けられている。
2)　不適切である（全国銀行協会「苦情処理手続および紛争解決手続等の実施
　　に関する業務規程」11条1項）。顧客が全国銀行協会相談室による苦情対
　　応で納得が得られない場合等に利用できるものとされている。
3)　不適切である（銀行法52条の67第2項2号参照）。証券取引等監視委員会
　　ではなく、全国銀行協会のあっせん委員会である。
4)　不適切である。あっせん委員会による紛争解決手続を利用する場合、顧客
　　の申立てに係る手数料は無料である。加入銀行はあっせん委員会があっせ
　　んの申立てを受理したときに限り、あっせん委員会事務局の求めに応じて

所定の事案手数料を支払わなければならない（全国銀行協会「苦情処理手続および紛争解決手続等の実施に関する業務規程」28条1項）。

正解　1)

3−14　金融ADR②

《問》　金融分野における裁判外紛争解決制度（金融ADR制度）に関する
次の記述のうち、最も不適切なものはどれか。

1) 銀行は、一定の場合を除き、全国銀行協会のあっせん委員会が提示す
る特別調停案を受諾しなければならない。

2) 金融分野におけるすべての業態において指定紛争解決機関が存在して
おり、銀行および信用金庫に関しては、全国銀行協会が内閣総理大臣
より紛争解決機関として指定を受けている。

3) 全国銀行協会のあっせん委員会は、投資信託等や保険商品の窓口販売
等に係る案件など、申立てのあった紛争が他の指定紛争解決機関にお
ける紛争解決手続に付することが適当と判断したときは、顧客に対し
てその旨を説明し、顧客の意思を確認したうえで他の指定紛争解決機
関へ取り次ぐことがある。

4) 全国銀行協会のあっせん委員会が当事者間に和解が成立する見込みが
ないことを理由に紛争解決手続を打ち切って終了した場合、当該紛争
解決手続の実施の依頼をした当該紛争の当事者が、紛争解決手続が終
了した旨の通知を受けてから1カ月以内に当該紛争解決手続の目的と
なった請求について訴訟を提起したときは、あっせん委員会への申立
ての時に訴訟の提起があったものとみなされる。

・解説と解答・

1) 適切である（銀行法52条の67第2項5号、6項）。

2) 不適切である。金融分野におけるすべての業態において指定紛争解決機関
が存在するわけではない。例えば、信用金庫については指定紛争解決機関
が設立されておらず、信用金庫に関する苦情処理・紛争解決の対応につい
ては全国信用金庫協会に問い合わせることになる。なお、全国銀行協会は、
2010年9月15日、銀行法および農林中央金庫法上の紛争解決機関としての
指定を内閣総理大臣から受け、銀行法上のすべての銀行および農林中央金
庫と手続実施基本契約を締結し、同年10月1日から「指定紛争解決機関」
としての業務を開始している。

3) 適切である（全国銀行協会「苦情処理手続および紛争解決手続等の実施に

関する業務規程」43条3項)。他業態の指定紛争解決機関としては、一般
社団法人生命保険協会、一般社団法人信託協会、一般社団法人日本損害保
険協会、一般社団法人保険オンブズマン、一般社団法人日本少額短期保険
協会、日本貸金業協会、特定非営利活動法人証券・金融商品あっせん相談
センター(FINMAC)が存在する。

4) 適切である(裁判外紛争解決手続の利用の促進に関する法律25条)。時効
の完成猶予に関する特例である。

正解　2)

3－15 監督指針の基本①策定の趣旨

《問》 次の文章は、金融庁の「金融商品取引業者等向けの総合的な監督指針」の一部である。下線部①～④のうち、最も不適切なものはどれか。

Ⅰ－2－1 監督指針策定の趣旨

　我が国経済が持続的に発展するためには、間接金融に偏重している我が国の金融の流れが直接金融や市場型間接金融にシフトする、いわゆる「貯蓄から投資へ」の動きを加速することが重要な課題である。これは、主に以下の四つの効果を通じ、我が国金融システムの安定と内外の市場参加者にとって魅力ある市場の実現、企業の成長、及び経済発展に資すると考えられる。

①多数の市場参加者がその能力に応じてリスクを広く負担する構造へと変化することにより、強靭で高度なリスクシェアリング能力を有する金融システムを実現すること（間接金融にリスクが集中することによって生じる金融システムの脆弱性の回避）。

②リスクマネーの円滑な供給を実現し、企業のイノベーションを促進すること。

③貯蓄金融から投資金融への資金のシフトによる、経営者を監視する厚みのある市場の実現により、資本の効率性を高め、我が国企業の収益性の向上を図ること。

④少子高齢社会において、投資者に高収益の投資機会を提供することで、多彩で豊かな社会を実現すること。

---

1) 下線部①
2) 下線部②
3) 下線部③
4) 下線部④

・解説と解答・

　監督指針は、行政部局の検査・監督担当職員向けの手引書であり、一般的に

法的拘束力はないが、法令の解釈の指針として用いられている側面があり、法令違反か否かを判断するための基準を事実上示すものともなっているため、金融機関の業務の運営にあたっては参照することが欠かせないものとなっている（金融財政事情研究会「金融機関の法務対策6000講」）。なお、金融検査マニュアルは、チェックリストを用いた形式的・些末な検査指摘等を改め、金融機関の創意工夫を進めやすくする観点から廃止されている。

1) 適切である。
2) 適切である。
3) 適切である。
4) 不適切である。正しくは「少子高齢社会において、投資者に多様な運用手段を提供することで、多彩で豊かな社会を実現すること」である。

正解　4)

3-16　監督指針の基本②策定の趣旨

《問》　次の文章は、金融庁の「金融サービス仲介業者向けの総合的な監督指針」の一部である。下線部①～④のうち、最も不適切なものはどれか。

Ⅰ-2-1　本監督指針策定の趣旨

金融サービス仲介業者が①顧客の多種多様なニーズにワンストップで横断的に対応するとの重要な役割を適切に果たしていく上では、金融サービス仲介業者が②自ら主体的に創意工夫を発揮し、ベストプラクティスを目指して顧客本位の良質なサービスの提供を競い合い、より良い取組みを行うことにより国民からの信頼を得ることが望ましいことに加え、金融行政として、健全なイノベーションを促進するとともに顧客保護も図るという観点から、適切な制度設計と併せて、金融サービス仲介業者が③顧客保護や適切なリスク管理などを意識したガバナンスを強化するよう適切に動機付けていくことが必要となる。

この点、金融サービス仲介業者においては、④全ての分野の金融サービスの仲介を可能にするには、銀行業・金融商品取引業・保険業・貸金業それぞれの業法に基づいた登録を受けなければならないことから、その取り扱う金融サービスの分野に応じ、過不足なく必要な監督上の対応を的確に行うことが求められる。

1)　下線部①
2)　下線部②
3)　下線部③
4)　下線部④

・解説と解答・

1)　適切である。
2)　適切である。
3)　適切である。
4)　不適切である。「全ての分野の金融サービスの仲介を可能にするには、銀

行業・金融商品取引業・保険業・貸金業それぞれの業法に基づいた登録を受けなければならない」ではなく、正しくは「1つの登録で銀行業・金融商品取引業・保険業・貸金業全ての分野の金融サービスの仲介が可能である」である。

<u>正解　4)</u>

3−17　監督指針の基本③苦情処理

《問》　金融庁の「金融商品取引業者等向けの総合的な監督指針」における、金融商品取引業者等の苦情等対処に関する内部管理態勢の確立に関する次の記述のうち、最も適切なものはどれか。

1) 申出のあった苦情等について、自ら対処しなければならず、その標準的な手続の概要等の情報を提供する態勢を整備することが求められている。
2) 苦情等対処に関する内部管理態勢を整備するにあたり、業務の規模・特性を考慮することは許されず、基準に沿った実効性ある態勢を整備することが求められている。
3) 苦情等が類型化のうえで、重要案件は速やかに金融庁や消費者庁に報告するとともに、公表するなど、事案に応じ必要な関係者間で情報共有が図られる態勢を整備することが求められている。
4) 苦情等対処の実効性を確保するため、監査等の内部けん制機能が十分発揮されるよう態勢を整備することが求められている。

・解説と解答・

「金融商品取引業者等向けの総合的な監督指針」（Ⅲ−2−5−1　苦情等対処に関する内部管理態勢の確立）において、苦情等への迅速・公平かつ適切な対処は、顧客に対する説明責任を事後的に補完する意味合いを持つ重要な活動の一つでもあり、金融商品・サービスへの顧客の信頼性を確保するため重要なものである、とされている。

1) 不適切である。自ら対処するばかりでなく、適切な外部機関等を顧客に紹介するとともに、その標準的な手続の概要等の情報を提供する態勢を整備することが求められている。
2) 不適切である。業務の規模・特性に応じて、適切かつ実効性ある態勢を整備することが求められている。
3) 不適切である。苦情等およびその対処結果等が類型化のうえで内部管理部門や営業部門に報告されるとともに、重要案件は速やかに監査部門や経営陣に報告されるなど、事案に応じ必要な関係者間で情報共有が図られる態勢を整備することが求められている（「金融商品取引業者等向けの総合的

な監督指針」Ⅲ－2－5－1（2）⑤イ）。

4) 適切である。

<u>正解　4)</u>

3-18　監督指針の基本④広告等の規制

《問》　金融庁の「金融商品取引業者等向けの総合的な監督指針」における、広告等の規制に関する次の記述のうち、最も不適切なものはどれか。

1) 金利や相場等の指標の変動を直接の原因として損失が生ずることとなるおそれのある場合の当該指標、損失が生ずるおそれがある旨・その理由、および元本超過損が生ずるおそれがある場合の、その直接の原因、元本超過損が生ずるおそれがある旨・その理由は、広告上の文字または数字の中で最も大きなものと著しく異ならない大きさで表示することが求められている。
2) 広告等を画面上に表示して行う場合に、表示すべき事項のすべてを判読するために必要な表示時間が確保されていることが求められている。
3) 申込みの期間、対象者数等が限定されていない場合に、これらが限定されていると誤解させるような表示を行っていないことが求められている。
4) 事業者が金融商品取引契約の締結の勧誘（勧誘を目的とした具体的商品の説明を含む）を行うセミナー等を実施する場合、当該セミナー等の名称が、金融商品取引に関連するものであることを明確に表していれば足りる。

・解説と解答・

　「金融商品取引業者等向けの総合的な監督指針」（Ⅲ-2-3-3　広告等の規制）において、金融商品取引業者が行う広告等の表示は、投資者への投資勧誘の導入部分にあたり、明瞭かつ正確な表示による情報提供が、適正な投資勧誘の履行を確保する観点から最も重要である、とされている。

1) 適切である。
2) 適切である。
3) 適切である。
4) 不適切である。金融商品取引契約の締結の勧誘（勧誘を目的とした具体的商品の説明を含む）を行うセミナー等の名称が、金融商品取引に関連するものであることを明確に表していることのみでは足りず、勧誘する目的がある旨を明確に表示している必要がある（「金融商品取引業者等向けの総合的な監督指針」Ⅲ-2-3-3（1）④ロ）。　**正解　4)**

3-19　監督指針の基本⑤非公開金融情報・非公開保険情報

《問》　保険業法施行規則および金融庁の「保険会社向けの総合的な監督指針」における、非公開金融情報・非公開保険情報の取扱いに関する次の記述のうち、最も不適切なものはどれか。なお、非公開金融情報とは、銀行等が預金・為替・貸出等の銀行取引を通じて得た顧客の非公開情報のことをいい、非公開保険情報とは、銀行等が保険募集の際に得た顧客の非公開情報のことをいう。

1) 銀行が銀行取引を通じて得た顧客の非公開金融情報を保険募集に利用する場合、書面等による顧客の事前同意が必要である。

2) 顧客の属性に関する情報（氏名、住所、性別、生年月日、職業等）は、非公開金融情報・非公開保険情報には含まれない。

3) 非公開金融情報・非公開保険情報の利用については、顧客から同意を得る際に、当該同意の有効期間およびその撤回の方法、非公開情報を利用する保険募集や業務の方式、利用する非公開情報の範囲を顧客に具体的に明示する必要があるが、同意の有効期間については、具体的な期日や期限を設けずに、顧客が撤回の意思表示をするまでの間を有効と定めることはできない。

4) 住宅ローンの申込みを受けている顧客に対して、住宅関連火災保険、住宅関連債務返済支援保険または住宅関連信用生命保険の募集を行う際には、当該保険契約の締結が当該住宅ローンの貸付けの条件ではない旨の説明を書面の交付またはこれに代替する電磁的方法による提供により行う必要がある。

・解説と解答・

　銀行等が保険募集を行う場合には、その情報力や信用力等を背景として顧客に対して圧力をかけ、保険契約者等の保護に欠ける事態を生じさせることが懸念されることから、保険業法等では、銀行等が保険募集を行う場合には、各種の弊害防止措置が設けられている（金融財政事情研究会「金融機関の法務対策6000講」）。非公開金融情報・非公開保険情報の保護措置はそのうちの1つである。

1)　適切である（保険業法施行規則212条2項1号イ、「保険会社向けの総合的

な監督指針」Ⅱ−4−2−6−2（1）、「生命保険・損害保険コンプライアンスに関するガイダンス・ノート」Ⅱ−1（1））。また、保険募集の際に得た顧客の非公開保険情報を銀行取引に利用する場合も、顧客の事前同意が必要である（保険業法施行規則212条2項1号ロ、「保険会社向けの総合的な監督指針」Ⅱ−4−2−6−2（2））。

2) 適切である（保険業法施行規則212条2項1号イ・ロ、「保険会社向けの総合的な監督指針」Ⅱ−4−2−6−2（1）、「生命保険・損害保険コンプライアンスに関するガイダンス・ノート」Ⅱ−1（2））。非公開金融情報は、顧客の預金、為替取引、資金の借入れに関する情報、その他の金融取引または資産に関する公表されていない情報を指す。また、非公開保険情報は、顧客の生活（家族構成等）、身体（健康状態等）、財産（年金受給状況等）その他の事項に関する公表されていない情報で保険募集を通じて得た情報を指す。

3) 不適切である。同意の有効期間については、具体的な期日や期限を設けずに、顧客が撤回の意思表示をするまでの間を有効と定めることもできる（「生命保険・損害保険コンプライアンスに関するガイダンス・ノート」Ⅱ−1（3））。

4) 適切である（保険業法施行規則234条1項8号、「保険会社向けの総合的な監督指針」Ⅱ−4−2−6−6、「生命保険・損害保険コンプライアンスに関するガイダンス・ノート」Ⅱ−2）。

正解　3)

3 - 20 監督指針の基本⑥障がい者等に配慮した金融サービスの提供

《問》 金融庁の「主要行等向けの総合的な監督指針」等における、障がい者等に配慮した金融サービスの提供に関する次の記述のうち、金融庁の着眼点として最も適切なものはどれか。なお、選択肢中、「自筆困難者」とは、障がい者等のうち自筆が困難な者をいう。

1) 自筆困難者が預金取引のため、単独で銀行に訪れた場合は、銀行職員が代筆せず、当該自筆困難者の同行者と再度来行を求めることにしていること

2) 自筆困難者が来行せず、当該自筆困難者からの依頼を受けたとする者のみが預金取引のため銀行に訪れた場合、当該来行者に対して、代理権授与の意思や取引意思を確認すること

3) 視覚に障がいがある者から要請がある場合は、銀行職員が代読するのではなく、当該者の同行者が、取引関係書類を代読する態勢を整備していること

4) 銀行として、障がい者等に配慮した取組みのために整備した態勢の実効性を確保するため、顧客対応を行う全職員に対し、障がい者等に配慮した態勢について研修その他の方策（マニュアル等の配布を含む）により周知していること

・解説と解答・

　障害者差別解消法により、事業者には、障害者に対する不当な差別的取扱いの禁止および合理的配慮の提供義務が課せられており、これを遵守する必要がある。なお、合理的配慮の提供義務は、同法の改正により、2024年4月に努力義務から義務となった。

1) 不適切である（「主要行等向けの総合的な監督指針」Ⅲ-6-4-2（2）①）。自筆困難者が単独で銀行に訪れた場合における銀行としての適切な業務運営は、自筆困難者の同行した者との再度の来行を求めるのではなく、銀行の職員が代筆可能な態勢を整備していることである。「中小・地域金融機関向けの総合的な監督指針」「保険会社向けの総合的な監督指針」「金融庁所管事業分野における障害を理由とする差別の解消の推進に関する対

応指針（別紙）障害を理由とする不当な差別的取扱い及び合理的配慮の例」でも、一定の条件の下で、代筆を可能とすることを求めている。

2) 不適切である（「主要行等向けの総合的な監督指針」Ⅲ－6－4－2（2）①）。預金取引において、自筆困難者が来行せず、当該自筆困難者からの依頼を受けたとする者のみが銀行に訪れた場合における銀行としての適切な業務運営は、自筆困難者本人に対して、当該来行者への代理権授与の意思や取引意思を確認することである。「中小・地域金融機関向けの総合的な監督指針」にも同様の記載がある。

3) 不適切である（「主要行等向けの総合的な監督指針」Ⅲ－6－4－2（2））。視覚に障がいがある者から要請がある場合における銀行としての適切な業務運営は、銀行の職員が、当該者に係る取引関係書類を代読する規定を整備していることである。「当該者の同行者」が代読することではない。「中小・地域金融機関向けの総合的な監督指針」「保険会社向けの総合的な監督指針」「金融庁所管事業分野における障害を理由とする差別の解消の推進に関する対応指針（別紙）障害を理由とする不当な差別的取扱い及び合理的配慮の例」でも、一定の条件の下で、行職員による代読対応を求めている。

4) 適切である（「主要行等向けの総合的な監督指針Ⅲ－6－4－2（2）⑥）。「中小・地域金融機関向けの総合的な監督指針」「保険会社向けの総合的な監督指針」「金融庁所管事業分野における障害を理由とする差別の解消の推進に関する対応指針（別紙）障害を理由とする不当な差別的取扱い及び合理的配慮の例」でも研修の実施を重視している。

<u>正解　4)</u>

3-21　監督指針の基本⑦適合性原則・誠実公正義務

《問》　金融庁の「金融商品取引業者等向けの総合的な監督指針」における、適合性原則・誠実公正義務に関する次の記述のうち、金融庁の着眼点として適切なものはいくつあるか。

a) 金融商品取引業者が提供する個別の金融商品について、そのリスク、リターン、コスト等といった顧客が金融商品への投資を行ううえで必要な情報を十分に分析・特定していること

b) 顧客に対する金融商品の勧誘に先立ち、勧誘対象となる個別の金融商品や当該顧客との一連の取引の頻度・金額が、金融商品取引業者の事前のマーケティング結果に合致しているか、評価を行っていること

c) 顧客の申出等により、顧客の資産・収入の状況または投資目的が変化したことを把握した場合には、それ以降の投資勧誘に際して顧客カード等の登録内容の変更を行うか否かを顧客に確認したうえで変更を行い、変更後の登録内容を金融商品取引業者と顧客の双方で共有するなど、適切な顧客情報の管理を行っていること

d) 金融商品の特性等に応じ、消費者団体や独立系ファイナンシャルアドバイザー（IFA）とも連携しつつ、研修の実施、顧客への説明書類の整備などを通じ、投資勧誘に携わる役職員が、顧客が金融商品への投資を行ううえで必要な情報を正確に理解し、適切に顧客に説明できる態勢を整備していること

1) 1つ
2) 2つ
3) 3つ
4) 4つ

・解説と解答・

　「金融商品取引業者は、金商法第40条の規定に基づき、顧客の知識、経験、財産の状況、投資目的やリスク管理判断能力等に応じた取引内容や取引条件に留意し、顧客属性等に則した適正な投資勧誘の履行を確保する必要がある。また、金融商品取引業者は、適正な投資勧誘の履行を確保するために整備した態

勢に基づいて、顧客に対する誠実公正義務を果たす必要がある。そのため、金融商品取引業者は、投資勧誘の前提として、提供する金融商品の内容を適切に把握するための態勢を確立する必要がある。また、顧客の属性等及び取引実態を的確に把握し得る顧客管理態勢を確立することが重要である。さらに、金融商品の内容が顧客の属性等に適合することの合理的な理由があるかどうかの検討・評価を行うことが必要である。その上で、顧客に対してこのような合理的な理由を欠く投資勧誘行為や、不適当又は不誠実な投資勧誘行為が行われないようにする必要がある」（「金融商品取引業者等向けの総合的な監督指針」Ⅲ－２－３－１　適合性原則・誠実公正義務）。

a)　適切である。

b)　不適切である。正しくは、「顧客に対する金融商品の勧誘に先立ち、勧誘対象となる個別の金融商品や当該顧客との一連の取引の頻度・金額が、把握した顧客属性や投資目的に適うものであることの合理的な理由があるかについて検討・評価を行っているか」である（「金融商品取引業者等向けの総合的な監督指針」Ⅲ－２－３－１（１）③イ）。

c)　適切である。

d)　不適切である。「消費者国体や独立系ファイナンシャルアドバイザー（IFA）とも連携」ではなく、「商品の組成者等とも連携」、が正しい。

　　したがって、適切なものは２つである。

正解　2）

3-22 金融商品の理解①投資信託

> 《問》 投資信託の種類に関する次の記述のうち、最も不適切なものはどれか。
>
> 1) 不特定かつ多数の者に取得させることを目的とした投資信託のことを「公募投資信託」といい、特定または少数の者に取得させることを目的とした投資信託のことを「私募投資信託」という。
> 2) 投資家の保有する発行証券の買戻しが原則として行われない投資信託のことを「オープン・エンド型投資信託」といい、発行証券の買戻しが行われる投資信託のことを「クローズド・エンド型投資信託」という。
> 3) 委託者と受託者が投資信託契約を結び、信託財産を委託者の指図どおり運用し、その受益権を受益者が取得する投資信託のことを「契約型投資信託」といい、投資を目的とする法人を設立し、その発行する投資証券を投資家が取得し、運用益を配当金の形で投資家に分配する投資信託のことを「会社型投資信託」という。
> 4) 投資信託が運用されている期間中、原則としていつでも購入することができる投資信託のことを「追加型投資信託」といい、当初募集期間中にのみ購入することができる投資信託のことを「単位型投資信託」という。

・解説と解答・

1) 適切である。なお、私募投資信託は、適格機関投資家私募と一般投資家私募に分けられる。
2) 不適切である。オープン・エンド型とクローズド・エンド型の説明が逆である。正しくは、「投資家の保有する発行証券の買戻しが原則として行われない投資信託のことを「クローズド・エンド型投資信託」といい、発行証券の買戻しが行われる投資信託のことを「オープン・エンド型投資信託」という」である。なお、国内の多くの投資信託は、換金できるオープン・エンド型である。
3) 適切である。投資信託及び投資法人に関する法律では、投資信託と投資法人について規定しており、前者が契約型、後者が会社型に該当する。
4) 適切である。

正解　2)

3-23　金融商品の理解②投資信託

《問》　投資信託の交付目論見書に関するa）～c）の記述について、適切
　　　なものを〇、不適切なものを×とした場合、次のうち最も適切な組
　　　合せはどれか。なお、本問における「顧客」は一般投資家とする。
a）　顧客が来店した際に投資信託の一般的な説明を求められたので、A
　　ファンドの販売用資料を使用して説明を行ったが、その際にAファン
　　ドの交付目論見書を渡さなかった。
b）　顧客から電話で「Aファンドを購入したい」という申込みを受け、約
　　定後、遅滞なくAファンドの交付目論見書を顧客宛てに送付した。
c）　顧客から事前に同意を得たので、書面ではなく、メールにより交付目
　　論見書を交付した。
1）　a：×　b：〇　c：〇
2）　a：〇　b：×　c：〇
3）　a：×　b：〇　c：×
4）　a：〇　b：×　c：×

・解説と解答・

　販売会社が顧客に対して投資信託の「勧誘」を行う場合は、通常、金融商品
取引法上の募集に該当するため、販売会社は顧客に、交付目論見書を交付しな
ければならない。交付目論見書とは、顧客が購入しようとしている投資信託に
ついて投資判断に必要な重要事項を説明した書類のことで、①ファンドの目的・
特色②投資のリスク③運用実績④手続・手数料等が記載されている。

　投資信託については、組み入れられている株式等の値動き等により基準価額
が上下するリスク（市場リスク）と、組み入れられている株式等の発行者の経
営・財務状況の変化およびそれらに関する外部評価の変化等により、基準価額
が上下するリスク（信用リスク）が存在していることなどの説明が必要である。

　なお、基本的な情報が記載されている交付目論見書に対して、請求目論見書
は投資家から請求があった際に交付しなければならない目論見書で、ファンド
の沿革や経理状況といった追加的な情報が記載されている。

a）　適切である。投資信託について「一般的な説明」をする場合には、交付目
　　論見書を使用・交付する必要はない。

b) 不適切である。約定前に、交付目論見書を交付のうえ、商品説明を行わなければならない。

c) 適切である。顧客から同意を得ることにより、書面ではなく、メール等の電磁的方法により交付目論見書を交付することが認められている（金融商品取引法27条の30の9、企業内容等の開示に関する内閣府令23条の2第1項1号）。

　したがって、適切な組合せは、2）である。

正解　2）

3-24　金融商品の理解③投資信託

《問》　投資信託の商品説明に関する次の記述について、適切なものを〇、
不適切なものを×とした場合、次のうち最も適切な組合せはどれか。
a)　毎月分配型の投資信託は、解約または売却前最後に受け取った分配金
にのみ税金がかかるため、受け取った分配金を同じ投資信託に再投資
する場合、再投資額が少なくなることはなく、投資の効率がよいとい
える。
b)　通貨選択型の投資信託は、株式や債券等といった投資対象資産に加
え、円以外の通貨を為替取引の対象として選択することができるが、
取引対象通貨が円以外の場合には、当該取引対象通貨の対円での為替
リスクが発生することに留意が必要である。
c)　テーマ型の投資信託は、特定のテーマに関連する銘柄を組み入れて運
用するものだが、世間一般的に関心が高いテーマを選択したからと
いって、必ずしも他の投資信託より好成績になるという保証はない。

1)　a：〇　b：×　c：〇
2)　a：〇　b：〇　c：×
3)　a：×　b：〇　c：〇
4)　a：×　b：×　c：×

・解説と解答・

a)　不適切である。毎月分配型の投資信託は、例えば、受け取った分配金を同
じ投資信託に再投資する場合、毎月分配金が支払われるたびに税金がかか
るため、控除される税金の分だけ再投資額が少なくなり、投資の効率が悪
くなるといえる。なお、分配金のうち普通分配金は、個別元本を上回る部
分からの分配金であり、投資信託の元本の運用により生じた収益から支払
われ、利益として課税対象となる。一方、分配金のうち元本払戻金（特別
分配金）は個別元本を下回る部分からの分配金であり、「投資した元本の
一部払戻し」にあたるため非課税となるが、元本払戻金の額だけ個別元本
は減少することとなる。

b)　適切である。通貨選択型の投資信託では、①投資対象資産による収益、②

　　為替取引によるプレミアム（金利差相当分の収益）、③為替変動による収
　　益が収益源となるが、これらの収益源に対応したリスクが内在している。
　c)　適切である。テーマ型の投資信託では、投資先が特定業種に偏ることで、
　　値動きが大きくなるおそれや、投信を設定した時点で、投資対象が既に高
　　値となっており、高値づかみのおそれを指摘する声もある。
　　したがって、適切な組合せは、3）である。

正解　3）

3-25　金融商品の理解④投資信託

《問》　投資信託の運用手法に関する次の記述のうち、最も適切なものはどれか。

1) 日経平均株価や東証株価指数（TOPIX）などのベンチマークに連動する運用成果を目標とする運用手法をアクティブ運用という。
2) 一般的にベンチマークを上回る運用成果を目指す運用手法をインデックス運用といい、典型的なものとしてトップダウンアプローチとボトムアップアプローチがある。
3) 企業の成長性などに着目して銘柄選定を行う運用手法をグロース型投資スタイルといい、低PER、高配当利回りの銘柄中心のポートフォリオを組むことが多い。
4) PERやPBR等の指標や配当割引モデル等から見た株価の割安性に着目して、銘柄選択を行う運用手法をバリュー型投資スタイルという。

・解説と解答・

1) 不適切である。インデックス運用の説明である。
2) 不適切である。アクティブ運用の説明である。トップダウンアプローチは、一般的に「経済・金利・為替」といったマクロの経済予測をもとに、資産配分や銘柄選択を行う運用手法である。また、ボトムアップアプローチは、国や業種などにこだわらず、個別銘柄の調査・分析に基づいて投資価値を判断し、投資する銘柄を選択する方法である。ボトムアップアプローチの具体的な手法に、バリュー型投資スタイルとグロース型投資スタイルがある。
3) 不適切である。企業の成長性などに着目して銘柄選定を行う運用手法をグロース型投資スタイルといい、高PER、低配当利回りの、成長性が高いと予想される銘柄中心のポートフォリオを組むことが多い。一般的に中・小型株への投資が中心となる。
4) 適切である。バリュー型投資スタイルは、個別銘柄の割安性を重視して銘柄選定を行い、業績や収益の水準から株価に適正に反映されず相対的に割安となっている銘柄を選ぶ手法である。選択の際、PER、PBR等の指標や配当割引モデル等が使われる。　　　　　　　　　　**正解　4)**

3-26　金融商品の理解⑤仕組債

《問》　仕組債に関する次の記述のうち、最も不適切なものはどれか。

1) あらかじめ定められた参照指標（株価、株価指数、金利、為替、商品（コモディティ）価格等）に基づきクーポン（利子）が決定される仕組債については、当該参照指標の変動により顧客が受け取るクーポン（利子）が減少するおそれがある。

2) あらかじめ定められた参照指標（株価、株価指数、金利、為替、商品（コモディティ）価格等）に基づき償還金額が決定される仕組債については、当該参照指標の変動により償還金額が変動したとしても、顧客が受け取る償還金に差損が生じることはない。

3) スワップハウス（仕組債の組成等で重要な役割を担う、デリバティブ取引を活発に行う金融機関等）などにデフォルト（債務不履行）事由が発生した場合に、損失が生じるおそれがある。

4) 仕組債の商品性によっては、参照指標等の変動により、償還金の支払に代えて株式などの有価証券の受け渡しにより償還される場合がある。

・解説と解答・

　金融庁「リスク性金融商品の販売会社による顧客本位の業務運営のモニタリング結果」（2023年6月）において、仕組債を商品導入・販売に際して販売会社に求められる事項を記載している（同結果3．（1）①（イ））。そこでは、販売会社は、顧客の最善の利益を確保する観点からリスク・リターンを検証し、顧客がリスクに見合うリターンを得られるような商品性に見直す必要があること、そのうえで、「顧客本位の業務運営に関する原則」（2021年1月改訂）の原則5（重要な情報の分かりやすい提供）、原則6（顧客にふさわしいサービスの提供）を踏まえつつ、顧客が投資判断に必要なリスク・リターン・コスト等の情報を他のリスク性金融商品と比較しながら提案するとともに、リスク特性等を丁寧に説明する必要があること、また、仕組債はパッケージ商品のため、パッケージ化された商品を別々に購入することができるかどうかを顧客に示すとともに、パッケージ化する場合としない場合のコストやリターン等を顧客が比較できるよう説明する必要がある。このほか、販売会社は、日本証券業協会

「複雑な仕組債等の販売勧誘に係る『協会員の投資勧誘、顧客管理等に関する規則』等の一部改正について」（2023年4月）やＱ＆Ａはミニマムスタンダードとして、顧客の最善の利益の追求に向けて対応する必要があると示している。

1)　適切である。日本証券業協会ウェブページによると、仕組債は、スワップやオプションなどのデリバティブを利用した、一般的債券にはない特別な「仕組み」を持った債券である。このため、一般の債券にはない、仕組債特有のリスクがある。本問題は仕組債特有のリスクをテーマにしたものである。なお、仕組債と一般的な債券で共通するリスクとしては、①信用リスク、②価格変動リスク、③為替変動リスク、④流動性リスクがある。

2)　不適切である。あらかじめ定められた参照指標に基づき償還金額が決定される仕組債については、当該参照指標の変動により償還金額が変動することで、顧客が受け取る償還金に差損が生じるおそれがある。

3)　適切である。

4)　適切である。

正解　2)

3-27　金融商品の理解⑥仕組債

《問》　日本証券業協会「仕組債の販売勧誘に関するガイドライン等改定のポイント」（2023年2月）に関する次の記述のうち、最も不適切なものはどれか。

1) 商品性・リスクに対する顧客の理解度向上のため、商品説明資料等における表示において、①銘柄名の前方に「複雑な仕組債」である旨を表示すること、②銘柄名の近くの顧客の目につきやすい箇所にわかりやすくリスク特性について表示すること、③仕組債への投資が向かない顧客の属性を表示すること、④ノックイン条項や早期償還条項に関する顧客へのわかりやすい情報提供の方法を例示することや、高金利部分のみ強調した表示を行わないこと、⑤発行体の高格付や政府保証を過度に強調しないことなどを広告指針へ明記することを求めている。

2) 商品性・リスクに対する顧客の理解度向上のため、顧客への説明時の留意事項として、①個々の顧客に対し、当該仕組債の購入が適している理由を説明すること、②高金利、高格付、政府保証付、確定利付であることを過度に強調しないこと、③ノックイン水準が低いこと等を理由にノックインが発生する可能性が低いことを強調しないこと、④早期償還後に再度勧誘する場合も説明を簡略化しないこと、⑤顧客が正しくリスクを理解していることに不安が残る場合は勧誘を継続すべきか検討することを求めている。

3) 商品性・リスクに対する顧客の理解度向上のため、確認書の記載の見直しとして、販売前に顧客から徴求する確認書の参考様式に行動経済学の知見等も取り入れ、①シングルチェック式としていた回答を「はい・いいえ」の選択式に変更、②「いいえ」を選択するべき設問を追加、③販売側が最大損失額の割合を記入する項目を追加することを求めている。

4) 販売形態の多様化への対応のため、金融商品仲介（銀行仲介を含む）を利用する場合、①販売対象顧客以外への販売が広がらないよう、合理的根拠適合性の検証結果を仲介先に共有すること、②販売対象顧客と仲介先を通じた販売顧客の乖離を定期的に検証し、必要に応じて仲介先と販売勧誘態勢の見直しについて協議すること、また、関係会社

からの顧客紹介を利用する場合、販売対象として適切な顧客の紹介が行われるよう、仕組債に関する自社の販売対象顧客の考え方を顧客紹介元に共有することを求めている。

・解説と解答・

「顧客本位の業務運営の徹底に向けて、ガイドラインに示された内容にとどまらず、より顧客本位の良質なサービスを提供するためのベスト・プラクティスを目指して、各協会員において主体的に創意工夫を発揮していくことが必要である旨をガイドラインへ記載」している。

1)　適切である。
2)　適切である。
3)　不適切である。顧客自身が最大損失額の割合を記入する項目を追加することを求めている。
4)　適切である。

正解　3)

3-28　金融商品の理解⑦外貨建て一時払い保険

《問》　次の文章は、金融機関Ｘの職員Ａが、顧客Ｂから、外貨建て一時払い保険に関して質問を受けた際の会話の一部である。下線部①～④のうち、最も不適切なものはどれか。

Ｂ：「外貨建て一時払い保険」は、金融機関で販売しているから預金みたいなものですよね。

Ａ：①いいえ、この商品は生命保険会社の生命保険です。預金と異なり、元本割れすることがあります。生命保険には、預金のような元本保証はありません。受取額は為替レートの影響を受けて変動するため、元本割れすることがあります。

Ｂ：加入時に比べて随分円安になりましたが、今、解約した方がよいのでしょうか。

Ａ：②いいえ。確かに、米ドルの為替レートが契約時の１米ドル110円から150円になりました。しかしながら、外貨建て保険は、外国の公社債で運用しているので、解約時の受取額の計算にはこの債券の時価変動を反映させる仕組みがあります。したがって、市場金利が加入時よりも上昇していると債券価格が下落していることになります。加えて、契約時や解約時には所定の費用が控除されることもあり、為替手数料もかかるため、今解約すると払込保険料を下回る場合があります。

Ｂ：同じ時期に同じ種類の保険で３年間の運用期間と10年間の運用期間の２つの契約に入りました。３年間運用の方が好調なのはなぜですか。

Ａ：③外貨建て保険は、外国の公社債で運用しています。金利上昇した場合、契約日から解約までの期間が短いほど金利上昇の影響は小さく、長いほど影響は大きくなります。

Ｂ：では、運用期間満了まで契約していれば元本割れしないわね。

Ａ：④円でお受け取りの場合、米ドルから円に両替します。そのときの為替レートがご契約時より大幅に円高だと、米ドルベースの運用で増えた分が帳消しになり、損失が生じることがあります。米ドルベースでは増えているので、満了時に円高の場合には米ド

で受け取ることを検討されてはいかがでしょうか。

1) 下線部①
2) 下線部②
3) 下線部③
4) 下線部④

·解説と解答·

1) 適切である。
2) 適切である。
3) 不適切である。「金利上昇した場合、契約日から解約までの期間が短いほど金利上昇の影響は大きく、長いほど影響は小さくなります」が正しい。償還までの期間（残存期間）が長い債券ほど金利変動の影響を受ける期間が長いため、金利の動きに対する債券価格の動きは大きくなる。固定利付債券の債券価格と市場金利の関係は、金利が上昇すると債券価格は下落し、金利が低下すると債券価格は上昇するという逆相関の関係になっている。これは、金利が上昇すると、新たに発行される債券のクーポン（利払い額）は、高くなった金利水準を反映して高く設定する必要があるが、すでに発行されている債券のクーポン（利払い額）は変更されないため、相対的に低いクーポンを補うように債券価格が下落する調整が行われるためである。外貨建て一時払い保険は為替リスクだけでなく市場リスクを有する特定保険契約（保険業法300条の2）であるため、募集時の各種規制に留意するとともに、顧客への説明がいっそう重要になる。
4) 適切である。

正解　3)

3-29　金融商品の理解⑧外貨建て一時払い保険

《問》　次の文章は、金融機関Xの職員Aが、顧客Bから、外貨建て一時払い保険に関して質問を受けた際の会話の一部である。空欄①〜④に入る語句の組合せとして、次のうち最も適切なものはどれか。

B：外国債券で運用している外貨建て保険で、1年ごとにクーポン（利払い額）部分を年金として受け取り、債券の元本部分は死亡保険金額になる保険に加入しています。1米ドル100円のときに契約しましたが、友だちから最近は米国の金利上昇により1年ごとのクーポン（利払い額）部分の金額が大きくなったと聞きました。今契約している保険を解約して、解約金で新たに入りなおした方がよいのでしょうか。

A：Bさんは1米ドル100円のときに契約されていますよね。現在140円のレートで解約して加入し直した場合のメリットとデメリットを考えた方がよいと思います。円高の時に契約された契約のクーポン（利払い額）部分の年金年額は、円安の今より金額は（　①　）と思いますが、円高だったため米ドル建ての死亡保険金額は（　②　）と思いますよ。保険証券で確認されるとよいと思います。ちなみに、外貨建て一時払い保険に加入したのにはどのような目的があったのですか。

B：保険証券を一度確認してみます。契約する時の加入目的は、家族に死亡保険金額を残す（　③　）だったことを思い出しました。アドバイスありがとうございます。

A：円高時の契約は、円換算した場合の損益分岐点レート※が（　④　）なりますが、加入時より円安になった場合でも解約時点の市場金利が加入時より高くなっている場合は元本割れすることもありますのでご注意ください。

※外貨ベースの解約返還金額を円換算した場合に、円貨払込金額と同水準になる為替レート。

```
1)　①小さい　②大きい　③相続目的　④低く
2)　①大きい　②小さい　③相続目的　④高く
3)　①大きい　②小さい　③運用目的　④高く
4)　①小さい　②大きい　③運用目的　④低く
```

・解説と解答・

①小さい
②大きい
③相続目的
④低く

　したがって、適切な組合せは、1) である。

　円高時に加入した契約を、「クーポン部分、年金部分が大きい」「利益確定」というあいまいな表現により、契約者に誤認（誤解）を与え、有利な（大きな）死亡保障を、乗り換えにより、不利な（小さな）死亡保障に切り替えさせることは、メリット・デメリット（不利益事項）の説明が不足している。運用期間が一定の期間であり、積立利率やクーポン部分（年金部分）の見直し時期が、あと数年でくるにもかかわらず（利率等がアップする可能性があるにもかかわらず）、解約により契約時費用を新たに負担させることは、手数料稼ぎの回転売買ではないかという苦情につながるリスクがある。乗り換えを取り扱う合理的な理由や顧客の意向がある場合、第三者の視点で見て合理性があるのか判断することが必要である。また、「円安なので利益確定しませんか」というアプローチは、契約者に誤認（誤解）を与えるため厳に慎むべきである。顧客の当初の「加入目的」を推測し、加入目的を確認するという配慮が必要である。

　なお、金融庁「リスク性金融商品の販売会社による顧客本位の業務運営のモニタリング結果」（2023年6月）は、外貨建て一時払い保険について、「販売会社は、運用・保障・相続等の顧客ニーズを的確に把握し（中略）、外貨建て一時払い保険がそのニーズに最適な商品かを検証する必要がある」と指摘している。

正解　1)

3-30　金融商品の理解⑨ファンドラップ

《問》　金融庁「資産運用高度化プログレスレポート2023」（2023年4月）におけるファンドラップに関する次の記述のうち、不適切なものどれか。

1) 金融機関によって、ファンドラップが複数の投資信託を組み合わせた商品なのか、アドバイスも含むサービスなのかが明らかではないケースもあることが、課題とされている。

2) 顧客が負担するファンドラップの手数料が、運用ポートフォリオの提供以外にどのような付加価値に対する対価なのかの説明が十分でなければ、投資家はコスト負担に見合った便益を得られていないと感じ、顧客満足度の低下につながる可能性がある。

3) すべてのファンドラップの運用体制やリスク許容度に応じた運用コース別のコスト控除後のパフォーマンス、手数料の定義・構成等の重要情報が、金融庁のウェブサイトで公開されており、投資家は各金融機関のサービスの内容を比較することができる。

4) 金融機関が、今後、ファンドラップの普及・拡大を目指すにあたっては、バランス型の投資信託との付加価値の相違を含むサービスの具体的内容を明確化するとともに、運用体制やコース別のコスト控除後のパフォーマンス、顧客が負担するコストの定義・構成等に関する情報開示の充実に取り組むことが期待される。

・解説と解答・

　ファンドラップとは、顧客と金融機関が投資一任契約を結び、金融機関が顧客の資産運用の方針等に基づいて、顧客のまとまった資金を、複数の投資信託等で運用・管理するサービスのことをいう。

1) 適切である。

2) 適切である。

3) 不適切である。金融庁のウェブサイトでは、そのような情報は公開されていない（2024年3月時点）。また、資産運用高度化プログレスレポート2023では、運用体制やリスク許容度に応じた運用コース別のコスト控除後のパフォーマンス、手数料の定義・構成等の重要情報が、各金融機関ウェ

ブサイトで公開されていないため、投資家の裾野が広がっているにもかかわらず、投資家は、金融機関のサービスの内容を比較することが出来ないという点が指摘されている。なお、一部の金融機関では、複数金融機関で連携して、コスト控除後のパフォーマンスや推定リスクを開示する等、サービスの透明性を確保しているところもあるとも示されている。

4)　適切である。

正解　3)

3-31　金融商品の理解⑩ファンドラップ

《問》　ファンドラップに関する次の記述のうち、最も適切なものはどれか。
1)　ファンドラップはラップ口座サービスの一種であるが、一般的なラップ口座は、運用商品が多岐にわたり、預入額が最低でも数千万円ほど必要なのに対し、ファンドラップは投資対象を投資信託に限定し、数百万円程度の預入額から投資することができる。
2)　ファンドラップにおいて発生するコストは、投資一任報酬のみである。
3)　ファンドラップにおいては、金融機関がアセットアロケーションを構築し、そのうえで資産クラスを代表する投資信託の選択を行うが、実証的研究によれば、どの市場を選択するか（アロケーション要因）よりも、どの個別銘柄を選択するか（銘柄選択要因）の方が運用成績に大きな影響を与えるとされている。
4)　ファンドラップのアセットアロケーションは、顧客の年齢と保有資産はもちろん、運用の目的、投資期間、リスク許容度、職業、さらには将来の相続財産を含めた資産全体から決定されており、すべての顧客に最適化されている。

・解説と解答・

1)　適切である。
2)　不適切である。投資一任報酬と、組入ファンドの信託報酬の二重のコストが発生する。
3)　不適切である。一般に、どの個別銘柄を選択するか（銘柄選択要因）よりも、どの市場を選択するか（アロケーション要因）の方が運用成績に大きな影響を与えるとされている。
4)　不適切である。ファンドラップのアセットアロケーションは、顧客の年齢と保有資産はもちろん、運用の目的、投資期間、リスク許容度、職業、さらには将来の相続財産を含めた資産全体から決定するのが理想であるが、実際には、1つの金融機関が顧客のすべての情報を常に把握できるわけではないため、最適化には限界があるとされている。

正解　1)

3-32　「名義保険」①

《問》　次の文章は、金融機関Ｘの職員Ａは、顧客Ｂから、「名義保険」に関して質問を受けた際の会話の一部である。下線部①〜④のうち、最も不適切なものはどれか。なお、「名義保険」とは、契約者と保険料負担者が異なる保険契約のことをいう。

Ｂ：昨年、父が亡くなり相続税の申告をしたところ、私Ｂ名義の一時払養老保険が「名義保険」になるので修正申告するように言われました。父から私Ｂに契約者の名義変更をしたのは10年くらい前なので、もう時効ですよね。

Ａ：①生命保険や個人年金保険の場合、契約者変更があっても、その変更に対して直ちに贈与税が課せられることはありません。ただし、課税されないのではなく、その時点では課税が猶予されていることになります。

Ｂ：でも、贈与税の時効は原則６年で、悪質な場合には７年と聞いたことがあります。

Ａ：②先ほど、課税が猶予されていると説明しましたが、実際に課税される時期は、Ｂさんが、一時払養老保険の満期保険金や解約金を受け取って贈与が成立したときです。保険金等を受け取る前に、契約成立時の契約者であるお父様（前契約者）が亡くなった場合は、お父様が亡くなったときの一時払養老保険の解約返還金相当額を、お父様の相続財産に含めて相続税を計算します。贈与税の時効の判定は、贈与が成立したときから開始します。

Ｂ：今回は父が亡くなったから課税されるのですよね。でも、贈与税ではなく、なぜ相続税なのですか。

Ａ：③贈与税は生きている人から財産をもらったときにかかる税金、相続税は亡くなった人から財産をもらったときにかかる税金です。Ｂさんの場合は、満期等が来る前にお父様が亡くなったので、亡くなった時点で一時払養老保険の解約返還金相当額をもらったことになります。だから相続財産として申告してください、ということになるのです。

Ｂ：なるほど、生命保険の契約者の名義変更についてよく理解できま

> した。
>
> A：④生命保険会社が発行する支払調書は、契約者変更に関して記載が無いことや、長期間にわたる契約のため、生命保険や個人年金の税金がわかりにくいのかもしれませんね。

1) 下線部①
2) 下線部②
3) 下線部③
4) 下線部④

・解説と解答・

　「名義保険」とは、契約者と保険料負担者が異なる保険契約をいう。例えば、契約者の名義が子であるにもかかわらず、実際には親が保険料を負担している保険契約のことである。今回の設例のように、契約者が父であり、契約時に保障期間全体分の保険料をまとめて支払った保険契約について、その後、子を契約者に変更した場合も「名義保険」に該当する。顧客が契約者変更の法的意味を誤解している可能性もあり、顧客本位の業務運営の観点からも、正しい情報を提供することが欠かせない。

1)　適切である。
2)　適切である。生命保険契約の課税は、契約時や契約者の名義変更時ではなく、満期、解約、および減額（一部解約）など、実際に金銭を受け取った時に課税される。これを出口課税という。
3)　適切である。Bの場合は、父親が亡くなったため、相続発生日の時点で仮に解約した場合に戻ってくるお金（解約返還金相当額）の額を相続財産として申告することになる。解約返還金相当額を、「生命保険契約に関する権利の評価」という。解約返還金相当額は、生命保険会社に依頼して算出してもらうことが可能である。
4)　不適切である。2018年1月1日以降、支払調書の発行基準が変更になっており、「生命保険契約等の一時金の支払い調書」の記載事項に、直前の保険契約者等、契約者変更の回数が追加された。また、死亡による契約者変更で評価額（解約返還金相当額）が100万円超の場合、税務署あてに「保険契約者等の異動に関する調書」で契約変更が通知されるようになった。これらの変更により、今後「名義保険」の課税漏れが少なくなると考えら

れる。

正解　4)

3−33 「名義保険」②

《問》 次の文章は、金融機関Ｘの職員Ａが、顧客Ｂから、「名義保険」に
関して質問を受けた際の会話の一部である。空欄①〜④に入る語句
の組合せとして、次のうち最も適切なものはどれか。なお、「名義
保険」とは、契約者と保険料負担者が異なる保険契約のことをいう。

> Ｂ：先日、父が亡くなりました。しばらくして、税務署から私の子ど
> も（被相続人である父からみると孫）の養老保険は「名義保険」
> だと言われたのですが、名義保険について教えてください。
> Ａ：生命保険契約の契約者とは、実際に保険料を支払った人となりま
> す。つまり、（ ① ）の保険料負担者が契約者になります。お
> 子さんの保険料は誰が払い込んでいたのですか。
> Ｂ：亡くなった父が毎年、年払保険料を振り込んでいました。父は、
> 20年間、毎年50万円の保険料を振り込んでくれました。父からは
> 「毎年の支払保険料は生前贈与の基礎控除の範囲内だから税金の
> 心配は無いよ」と聞いていたので安心していたのですが。
> Ａ：「あげたつもり、もらったつもりの贈与」は、あとで税務署に否
> 認されます。民法549条は、贈与は（ ② ）で相手に与える意
> 思表示を示し、相手が（ ③ ）することによって効力が生じる、
> としています。民法は（ ④ ）贈与契約は成立するとしていま
> す。のちのちのことを考えると毎年、贈与契約書を作成して贈与
> の事実を証明できるようにしておくことをおすすめいたします。

1) ①実質上　　　②無償　③受諾　④口頭でも
2) ①実質上　　　②有償　③拒絶　④書面により
3) ①契約申込書上　②無償　③拒絶　④口頭でも
4) ①契約申込書上　②有償　③受諾　④書面により

・解説と解答・

①実質上
②無償

③受諾

④口頭でも

　したがって、適切な組合せは、1）である。

　親が子名義の預金口座を作り、資金を移し替えて財産額を減らす「名義預金」はよく知られている。契約者の名義が相続人である子で、実際の保険料の負担者は被相続人である親の場合、被保険者も子となっている場合が多い。このため契約上は、親の名前は出てこないため、親が死亡してもその死亡保険金は支払われない。親が死亡しても保険金は支払われないため、相続財産に入らないと考えがちだが、実際に保険料を負担したのは被相続人である親であるため、税務署は親から子へ引き継がれた相続財産と判断する。

　相続発生日の時点で仮に解約した場合に戻ってくる金銭（解約返還金相当額）の額を、相続財産として申告することになる。解約返還金相当額を「生命保険契約に関する権利の評価」という。解約返還金相当額は、生命保険会社に依頼して算出してもらうことが可能である。

　子や孫に金銭を生前贈与したいが、贈与した金銭の浪費を懸念し、子や孫の名義で貯蓄性の生命保険や個人年金に加入することが多くある。このような場合には、贈与者（親や祖父母）と受贈者（子や孫）が贈与契約書を作成し、受贈者（子や孫）が保険料を生命保険会社に振り込むことが必要となる。販売者である金融機関には、あとで税務署に「名義保険」と判断されないようにする販売責任がある。

正解　1）

3-34　NISAの留意点

《問》　2024年1月以降のNISA（少額投資非課税制度）に関する次の記述のうち、最も適切なものはどれか。

1) 年間投資枠は、つみたて投資枠が年間120万円、成長投資枠が年間240万円であり、非課税保有限度額は全体で2,000万円、うち、成長投資枠は1,200万円までである。
2) つみたて投資枠は、2023年末までのつみたてNISA対象商品と同様、一定の個別株式への投資も可能である。
3) 2023年末までの一般NISA・つみたてNISAから、2024年1月以降のNISAへの移管（ロールオーバー）は可能である。
4) 2023年末までのジュニアNISAで投資した商品については、非課税期間（5年）終了後、自動的に継続管理勘定に移管され、18歳になるまで非課税で保有することが可能である。

・解説と解答・

1) 不適切である。非課税保有限度額は全体で1,800万円である。また、2024年1月以降のNISAでは、非課税保有期間が無期限化、口座開設期間が恒久化されている。
2) 不適切である。個別株式への投資はできない。
3) 不適切である。2023年末までのNISAから2024年1月以降のNISAへのロールオーバーはできない。
4) 適切である。

上記も含めた、2024年1月以降のNISAの特徴は次のとおりである。

・非課税保有限度額が、時価ではなく買付け残高（簿価残高）で管理される。このため、NISA口座内の商品を売却した場合には、当該商品の簿価分の非課税枠を翌年以降に再利用できる。
・つみたて投資枠と成長投資枠を別々の金融機関で利用することはできず、1つの金融機関で利用することになる。なお、年単位で金融機関を変更することは可能である。
・2024年1月以降も2023年末までのNISA（一般・つみたて）で保有している商品を売却する必要はない。購入時から一般NISAは5年間、つみたてNISA

は20年間、そのまま非課税で保有可能で、売却も自由である。ただし、非課税期間終了後、2024年1月以降のNISAにロールオーバーすることはできない。

また、若年期から高齢期に至るまで、長期・積立・分散投資による継続的な資産形成を行える2024年1月以降のNISA開始に伴い、「金融商品取引業者等向けの総合的な監督指針」Ⅳ－3－1－2が改正され、「NISA制度の趣旨等に鑑み、NISA口座の成長投資枠を使用した合理性のない短期の乗り換え勧誘は顧客の安定的な資産形成につながらないことから、こうした勧誘行為が行われていないかについても留意して監督を行うものとする」等の記載が追加された。

<u>正解　4)</u>

（参考）NISAの概要

	つみたて投資枠 　併用可	成長投資枠
年間投資枠	120万円	240万円
非課税保有期間（注1）	無期限化	無期限化
非課税保有限度額 （総枠）（注2）	1,800万円 ※簿価残高方式で管理（枠の再利用が可能）	
		1,200万円（内数）
口座開設期間	恒久化	恒久化
投資対象商品	長期の積立・分散投資に適した一定の投資信託（2023年末までのつみたてNISA対象商品と同様）	上場株式・投資信託等（①整理・監理銘柄②信託期間20年未満、毎月分配型の投資信託およびデリバティブ取引を用いた一定の投資信託等を除外）
対象年齢	18歳以上	18歳以上
2023年末までの制度 との関係	2023年末までの一般NISAおよびつみたてNISA制度において投資した商品は、新制度の外枠で、2023年末までの制度における非課税措置を適用 ※2023年末までの制度から新制度へのロールオーバーは不可	

（出所）金融庁ウェブサイトより作成

（注1）非課税保有期間の無期限化に伴い、2023年末までのつみたてNISAと同様、定期的に利用者の住所等を確認し、制度の適正な運用を担保

（注2）利用者それぞれの非課税保有限度額については、金融機関から一定のクラウドを利用して提供された情報を国税庁において管理

（注3）2023年末までにジュニアNISAにおいて投資した商品は、5年間の非課税期間が終了しても、所定の手続きを経ることで、18歳になるまでは非課税措置が受けられることとなっているが、今回、その手続きを省略することとし、利用者の利便性向上を手当て

3-35　iDeCoの留意点

《問》　iDeCo（個人型確定拠出年金）に関する次の記述のうち、最も適切なものはどれか。

1) 個人型年金加入者が国民年金の被保険者資格を喪失（死亡の場合を除く）したときは、該当するに至った日に個人型年金加入者の資格を喪失する。
2) 国民年金の第3号被保険者の掛け金の拠出限度額は、年額144,000円である。
3) 確定拠出年金の企業型年金に加入し、加入者掛金拠出（マッチング拠出）を行っている会社員は、企業型年金規約で確定拠出年金の個人型年金の同時加入が認められている場合のみ、個人型年金に加入することができる。
4) 個人型年金加入者が60歳に達したときは、該当するに至った日に個人型年金加入者の資格を喪失する。

・解説と解答・

1) 適切である（確定拠出年金法62条4項2号）。
2) 不適切である。正しくは、年額276,000円である。個人型年金の拠出限度額（年額）は、次のとおり（確定拠出年金法69条、同法施行令36条）。

　①国民年金の第1号被保険者：816,000円（付加保険料、国民年金基金の掛金と合算）

　②国民年金の第2号被保険者

　　ⅰ）企業年金、確定給付企業年金等に加入していない会社員：276,000円

　　ⅱ）確定給付企業年金等に加入していない企業型年金の加入者：240,000円（かつ企業型年金の事業主掛金と個人型年金の加入者掛金の合計が660,000円）

　　ⅲ）確定給付企業年金等に加入している企業型年金加入者：144,000円（かつ企業型年金の事業主掛金と個人型年金の加入者掛金の合計が330,000円）

　　ⅳ）確定給付企業年金等のみに加入している会社員、公務員等：

144,000円

③国民年金の第3号被保険者：276,000円

なお、2024年12月1日より、上記②ⅲ）、ⅳ）の拠出限度額が変更となり、月額2万円（年額240,000円）に引き上げられる。ただし、各月の企業型DCの事業主掛金金額と確定給付型ごとの他制度掛金相当額（公務員の場合は共済掛金相当額）と合算して月額5.5万円を超えることはできない。

3) 不適切である。企業型年金加入者が加入者掛金拠出（マッチング拠出）を行っている場合は、個人型年金に加入することはできない。なお、従来、マッチング拠出を行っていない企業型年金加入者は、企業型年金規約で個人型年金への加入を認められている場合に限り個人型年金に加入することができるとされていたが、2022年10月1日以降、企業型年金の事業主掛金が各月拠出で、各月の拠出限度額を超えない場合は、個人型年金に加入できることとなった（確定拠出年金法62条1項2号、同法施行令34条の2）。

4) 不適切である。2022年5月の改正により、加入者資格喪失事由から「60歳に達したとき」が削除され、国民年金被保険者であれば加入可能となった（第2号被保険者や任意加入被保険者は65歳まで）（確定拠出年金法62条4項2号）。

<u>正解　1)</u>

（参考）iDeCoの加入資格

加入区分	加入対象となる者	加入対象とならない者
国民年金の 第1号被保険者	20歳以上60歳未満の自営業者とその家族、フリーランス、学生など	・農業者年金の被保険者 ・国民年金の保険料納付を免除（一部免除を含む）されている者（ただし、障害基礎年金を受給している者等は加入できる）

加入区分	加入対象となる者	加入対象とならない者
国民年金の 第2号被保険者	厚生年金の被保険者（会社員、公務員等）＊	・勤務先で加入している企業型確定拠出年金の事業主掛金が拠出限度額の範囲内での各月拠出となっていない者 ・マッチング拠出（加入者も掛金を任意で拠出）を導入している企業型確定拠出年金の加入者で、企業型確定拠出年金でのマッチング拠出を選択した者
国民年金の 第3号被保険者	厚生年金の被保険者に扶養されている20歳以上60歳未満の配偶者	―
国民年金の 任意加入被保険者	国民年金に任意で加入した者 ・60歳以上65歳未満で、国民年金保険料の納付済期間が480月に達していない者 ・20歳以上65歳未満の海外居住者で、国民年金保険料の納付済期間が480月に達していない者	―

＊65歳以上の厚生年金被保険者で加入期間が120月以上ある者（老齢年金の受給権を有する者）は国民年金の第2号被保険者とはならない。

（出所）iDeCo公式サイトより作成

3-36　フォローアップのポイント①

《問》　顧客へのフォローアップに関する次の記述のうち、最も不適切なも
のはどれか。

1) 市場が急変し、投資信託の時価・市場価格が大幅に下落した場合、顧
客の投資目的が長期投資であったとしても、損失が拡大することを防
止するために損失確定を強く推奨するべきである。

2) 市場が急変し、投資信託の時価・市場価格が大幅に上昇した場合、そ
れ以降も価格が上昇し続ける保証はないため、「利益を確定して安全
性の高い運用に移行する」や「さらに利益を得るために投資を継続す
る」などの選択肢があること、またそのような選択を検討する機会で
あることを顧客に提示する等の働きかけをすべきである。

3) 想定していなかった市場の変化等で、「市場の金利の急低下により債
券の最終利回りがマイナスになる」あるいは「運用環境の変化で投資
信託が運用をストップしてしまう」など、商品性そのものが変化した
場合は、顧客の投資目的・意向を改めて確認すべきである。

4) 市場の急変・急落があった場合、まずは「マーケットの状況、市場が
急落した理由」や「ファンドがその市場にどの程度投資しているか」
など、委託会社が公表する情報をもとにわかっている事実をできる限
り早く顧客に伝え、その後正確な情報収集に努めるべきである。

・解説と解答・

1) 不適切である。市場の動向を予測するのは不可能であるため、損失確定を
強く推奨することは適切でない。重要なのは、価格変動によって顧客の投
資目的や意向が変わっていないか、金融商品と適合しているかを改めて検
証し、顧客が適切な判断をできるよう手助けすることである。
　　フォローアップについては、金融庁「顧客本位の業務運営に関する原則」
（2021年1月改訂）の原則6「顧客にふさわしいサービスの提供」の注1に、
「金融商品・サービスの販売後において、顧客の意向に基づき、長期的な
視点にも配慮した適切なフォローアップを行うこと」の記載がある。また、
金融庁「投資信託等の販売会社による顧客本位の業務運営のモニタリング
結果について」（2022年6月）によると、フォローアップでは顧客の資産

状況の変化に加えて、顧客の意向等に特段の事情変更がないかを確認する必要がある。顧客資産全体に対しての提案を目指す場合は、他社・他行資産を含めた顧客資産全体へのフォローアップが必要となる。

2)　適切である。

3)　適切である。

4)　適切である。

正解　1)

3-37　フォローアップのポイント②

《問》　次の文章は、金融機関Xの職員Aと職員Bが顧客のフォローアップ
について話した際の会話の一部である。下線部①〜④のうち、最も
不適切なものはどれか。

A：長期投資を目的として投資信託を購入したお客様から、「市場の急落
で株式投資信託の基準価額が下落し、当初元本価額を下回るファンド
が続出している」との問合せがありました。どのように対応すればよ
いでしょうか。

B：①市場の急落があると、急落した市場に投資しているファンドの委託
会社は、すぐさま状況の把握に着手し、その内容が公表されます。そ
れをもとに「ファンドが投資している資産は何％程度下がっているか」
「基準価額はどのくらい影響を受けているか」など、わかっている事
実をできる限り早くお客様に伝えましょう。お客様から見通し等を聞
かれた場合には、安易に答えてはいけません。
②お客様に第一報を伝えた後は、正確な情報収集に努めることが必要
です。特に、海外市場で発生した事象については、国内で正確な事実
関係の把握が困難であったり、新聞報道等が必ずしも事実とは限らな
かったりします。お客様からの問合せに答える場合には、必ず委託会
社からの情報を確認したうえで対応するようにしましょう。間違って
も自分の判断だけでコメントしてはなりません。委託会社のウェブサ
イトでは、月次レポート（マンスリーレポート）により適時開示が行
われています。この適時開示は、情報の更新頻度が高く、比較的タイ
ムリーな情報が得られるため、情報収集に役立ちます。
③ある程度時間が経つと、マーケットも落ち着き、委託会社としての
今後の市場見通しも出てきます。その時点で、再度お客様に連絡して
委託会社の見通しを伝えたうえで、販売会社として継続保有か、売却
または買増しをすべきといった判断を伝えます。

A：今後の対応についてよくわかりました。そのほかにもフォローアップ
について留意すべきことはありますか。

B：④基準価額が上昇するケースについても、フォローアップが必要な点
には注意が必要です。基準価額が大幅にプラスになるというのは、リ
スクが高いことを意味していますから、それ以降も価格が上昇し続け

るという保証はありません。利益確定や投資継続など、様々な選択肢
があることをお客様に提示する等の働きかけをするとよいでしょう。

1)　下線部①
2)　下線部②
3)　下線部③
4)　下線部④

・解説と解答・

1)　適切である。
2)　適切である。
3)　不適切である。顧客から販売会社としての投資判断を求められることもあ
　　るが、最終的には顧客自身に判断してもらわなければならない。ただし、
　　基準価額の変動により、その投資信託が顧客の投資目的・意向に合致した
　　ものから変化している可能性もある。丁寧に説明をしたうえで、顧客の投
　　資目的や意向を再度確認し、顧客が適切な判断をできるように判断材料を
　　提供すべきである。
4)　適切である。

正解　3)

3−38　フォローアップのポイント③

《問》　次の文章は、金融機関Xの職員Aと職員Bが顧客のフォローアップ
について話した際の会話の一部である。下線部①〜④のうち、最も
不適切なものはどれか。

A：お客様が購入した投資信託について、その後のフォローアップにおい
て市場動向や運用経過をどのように説明したらよいのでしょうか。

B：①期間中の相場動向・運用指図の内容などの運用経過や、期末の組入
状況については、「運用報告書」を活用するとよいでしょう。運用報
告書は、有価証券である投資信託の受益権のディスクロージャーの役
目を果たすもので、購入前に投資信託の内容を説明する「目論見書」
と対をなしています。
②法令改正に伴って、2014年12月以降に決算を迎えた投資信託の運用
報告書から「交付運用報告書」と「運用報告書（全体版）」に変わり、
お客様へは運用報告書に記載すべき項目のうち重要な項目が記載され
た運用報告書（全体版）が販売会社を通じて交付されています。運用
報告書（全体版）は、投資信託の受益者に必ず交付される運用報告書
で、運用報告書に記載すべき項目のうち重要な項目が記載されており、
基準価額などの推移、投資環境や分配金の状況を記載した当期間中の
運用経過や今後の運用方針などが、図表などを用いてわかりやすく説
明されています。

A：先日、お客様から「日経平均株価が上がっているのに、自分が保有し
ている投資信託の基準価額は上がっていない。どうなっているのか」
という問合せを受けてしまいました。まずは運用報告書を参照するよ
うに案内したのですが、運用報告書だけではわからない部分がある場
合はどうしたらよいですか。

B：③その場合は、役席や本部担当部署を通じて委託会社に照会し、回答
を得てから補足説明を行うなどの対応が考えられます。また、そのよ
うな苦情が生じる前に、特に基準価額が思わしくないファンドについ
ては、日頃からこまめにお客様への説明を行うことが重要です。④運
用報告書以外にも、委託会社が運用状況を公表するために任意で毎月
発行している「月次レポート（マンスリーレポート）」というものが
あります。投資環境がどのように変化しているか、ファンドの運用状

> 況がどうなっているかを比較的タイムリーに確認することができるた
> め、お客様へのよりきめ細やかなフォローに活用するとよいでしょう。
>
> 1)　下線部①
> 2)　下線部②
> 3)　下線部③
> 4)　下線部④

・解説と解答・

1)　適切である。
2)　不適切である。受益者に必ず交付される運用報告書は「交付運用報告書」
　　である。「交付運用報告書」は、運用報告書に記載すべき項目のうち重要
　　な項目が記載されており、基準価額などの推移、投資環境や分配金の状況
　　を記載した当期間中の運用経過や今後の運用方針などが、図表などを用い
　　てわかりやすく説明されている。また、「運用報告書（全体版）」は、作成
　　のつど受益者へ交付することとなっているが、投資信託約款において、運
　　用報告書に記載すべき事項を電磁的方法により提供する旨を定めている場
　　合には、その内容を運用会社のウェブサイトに掲載するなど受益者にとっ
　　てアクセスしやすい方法で提供すれば交付したものとみなされている。全
　　体版を閲覧したい場合はウェブサイトなどで容易に閲覧が可能だが、顧客
　　に請求された場合は交付する必要がある。
3)　適切である。
4)　適切である。

正解　2)

3-39　フォローアップのポイント④

《問》　以下の文章は、金融庁「投資信託等の販売会社による顧客本位の業務運営のモニタリング結果について」（2022年6月）の一部である。空欄①～③に入る語句の組合せとして、次のうち最も適切なものはどれか。

　　長期分散投資を実現するためには、定期的に（　①　）を確認するとともに、（　②　）を踏まえながら、（　③　）ための提案を行うこと（フォローアップ）が有効と考えられる。フォローアップの有効性に言及する販売会社は多く、中には現場での実践を定式化した上で、社内に徹底するところも増えているが、フォローアップを実施する趣旨を再確認することが必要なケースも見受けられる。

1)　①顧客の属性の変化　　②販売手数料
　　③利益確定売りとして解約する
2)　①運用管理費用　　　　②保有資産の状況
　　③利益確定売りとして解約する
3)　①顧客の属性の変化　　②保有資産の状況
　　③ポートフォリオの最適化の
4)　①運用管理費用　　　　②販売手数料
　　③ポートフォリオの最適化の

・解説と解答・

①顧客の属性の変化
②保有資産の状況
③ポートフォリオの最適化の
　したがって、適切な組合せは、3）である。

正解　3)

【巻末資料】顧客本位の業務運営に関する原則

2017年 3 月30日（2021年 1 月15日改訂）

経緯及び背景

　2016年 4 月19日の金融審議会総会において、金融担当大臣より、「情報技術の進展その他の市場・取引所を取り巻く環境の変化を踏まえ、経済の持続的な成長及び国民の安定的な資産形成を支えるべく、日本の市場・取引所を巡る諸問題について、幅広く検討を行うこと」との諮問が行われた。この諮問を受けて、金融審議会に市場ワーキング・グループが設置され、国民の安定的な資産形成と顧客本位の業務運営（フィデューシャリー・デューティー[1]）等について審議が行われた。

　市場ワーキング・グループでは、国民の安定的な資産形成を図るためには、金融商品の販売、助言、商品開発、資産管理、運用等を行う全ての金融機関等（以下「金融事業者」）が、インベストメント・チェーンにおけるそれぞれの役割を認識し、顧客本位の業務運営に努めることが重要との観点から審議が行われ、12月22日に報告書が公表された。その中で、以下のような内容が示された。

- 　これまで、金融商品の分かりやすさの向上や、利益相反管理体制の整備といった目的で法令改正等が行われ、投資者保護のための取組みが進められてきたが、一方で、これらが最低基準（ミニマム・スタンダード）となり、金融事業者による形式的・画一的な対応を助長してきた面も指摘できる。
- 　本来、金融事業者が自ら主体的に創意工夫を発揮し、ベスト・プラクティスを目指して顧客本位の良質な金融商品・サービスの提供を競い合い、より良い取組みを行う金融事業者が顧客から選択されていくメカニズムの実現が望ましい。
- 　そのためには、従来型のルールベースでの対応のみを重ねるのではなく、プリンシプルベースのアプローチを用いることが有効であると考えられる。具体的には、当局において、顧客本位の業務運営に関する原則を策定

---

1 フィデューシャリー・デューティーの概念は、しばしば、信託契約等に基づく受託者が負うべき義務を指すものとして用いられてきたが、欧米等でも近時ではより広く、他者の信認に応えるべく一定の任務を遂行する者が負うべき幅広い様々な役割・責任の総称として用いる動きが広がっている。

し、金融事業者に受け入れを呼びかけ、金融事業者が、原則を踏まえて何が顧客のためになるかを真剣に考え、横並びに陥ることなく、より良い金融商品・サービスの提供を競い合うよう促していくことが適当である。

また、報告書では、顧客本位の業務運営に関する原則（以下「本原則」）に盛り込むべき事項についても提言がなされた。この提言を受け、2017年3月30日、本原則が策定された。

本原則策定後、金融事業者の取組状況や本原則を取り巻く環境の変化を踏まえ、2019年10月から市場ワーキング・グループが再開され、顧客本位の業務運営の更なる進展に向けた方策について検討が行われた。

同ワーキング・グループにおいては、本原則の具体的内容の充実や金融事業者の取組の「見える化」の促進などに関する議論があり、本原則の改訂案について提言が行われた。当該提言を受け、2021年1月15日、本原則の改訂を行った。

本原則の目的

本原則は、上記市場ワーキング・グループの提言を踏まえ、金融事業者が顧客本位の業務運営におけるベスト・プラクティスを目指す上で有用と考えられる原則を定めるものである。

本原則の対象

本原則では、「金融事業者」という用語を特に定義していない。顧客本位の業務運営を目指す金融事業者において幅広く採択されることを期待する。

本原則の採用するアプローチ

本原則は、金融事業者がとるべき行動について詳細に規定する「ルールベース・アプローチ」ではなく、金融事業者が各々の置かれた状況に応じて、形式ではなく実質において顧客本位の業務運営を実現することができるよう、「プリンシプルベース・アプローチ」を採用している。金融事業者は、本原則を外形的に遵守することに腐心するのではなく、その趣旨・精神を自ら咀嚼した上で、それを実践していくためにはどのような行動をとるべきかを適切に判断していくことが求められる。

金融事業者が本原則を採択する場合には、顧客本位の業務運営を実現するための明確な方針を策定し、当該方針に基づいて業務運営を行うことが求めら

る。自らの状況等に照らして実施することが適切でないと考える原則があれば、一部の原則を実施しないことも想定しているが、その際には、それを「実施しない理由」等を十分に説明することが求められる。

　具体的には、本原則を採択する場合、下記原則1に従って、

　・顧客本位の業務運営を実現するための明確な方針を策定・公表した上で、

　・当該方針に係る取組状況を定期的に公表するとともに、

　・当該方針を定期的に見直す

ことが求められる。さらに、当該方針には、下記原則2～7（これらに付されている（注）を含む）に示されている内容毎に、

　・実施する場合にはその対応方針を、

　・実施しない場合にはその理由や代替策を、

分かりやすい表現で盛り込むとともに、これに対応した形で取組状況を明確に示すことが求められる。

本原則に関する留意事項

　本原則については、金融事業者の取組状況や、本原則を取り巻く環境の変化を踏まえ、必要に応じ見直しの検討を行うものとする。

【顧客本位の業務運営に関する方針の策定・公表等】

> 原則１．金融事業者は、顧客本位の業務運営を実現するための明確な方針を策定・公表するとともに、当該方針に係る取組状況を定期的に公表すべきである。当該方針は、より良い業務運営を実現するため、定期的に見直されるべきである。

（注）金融事業者は、顧客本位の業務運営に関する方針を策定する際には、取引の直接の相手方としての顧客だけでなく、インベストメント・チェーンにおける最終受益者としての顧客をも念頭に置くべきである。

【顧客の最善の利益の追求】

> 原則２．金融事業者は、高度の専門性と職業倫理を保持し、顧客に対して誠実・公正に業務を行い、顧客の最善の利益を図るべきである。金融事業者は、こうした業務運営が企業文化として定着するよう努めるべきである。

（注）金融事業者は、顧客との取引に際し、顧客本位の良質なサービスを提供し、顧客の最善の利益を図ることにより、自らの安定した顧客基盤と収益の確保につなげていくことを目指すべきである。

【利益相反の適切な管理】

> 原則３．金融事業者は、取引における顧客との利益相反の可能性について正確に把握し、利益相反の可能性がある場合には、当該利益相反を適切に管理すべきである。金融事業者は、そのための具体的な対応方針をあらかじめ策定すべきである。

（注）金融事業者は、利益相反の可能性を判断するに当たって、例えば、以下の事情が取引又は業務に及ぼす影響についても考慮すべきである。
- ・ 販売会社が、金融商品の顧客への販売・推奨等に伴って、当該商品の提供会社から、委託手数料等の支払を受ける場合
- ・ 販売会社が、同一グループに属する別の会社から提供を受けた商品を販売・

推奨等する場合

・　同一主体又はグループ内に法人営業部門と運用部門を有しており、当該運用部門が、資産の運用先に法人営業部門が取引関係等を有する企業を選ぶ場合

【手数料等の明確化】

> 原則４．金融事業者は、名目を問わず、顧客が負担する手数料その他の費用の詳細を、当該手数料等がどのようなサービスの対価に関するものかを含め、顧客が理解できるよう情報提供すべきである。

【重要な情報の分かりやすい提供】

> 原則５．金融事業者は、顧客との情報の非対称性があることを踏まえ、上記原則４に示された事項のほか、金融商品・サービスの販売・推奨等に係る重要な情報を顧客が理解できるよう分かりやすく提供すべきである。

（注１）重要な情報には以下の内容が含まれるべきである。
　・　顧客に対して販売・推奨等を行う金融商品・サービスの基本的な利益(リターン)、損失その他のリスク、取引条件
　・　顧客に対して販売・推奨等を行う金融商品の組成に携わる金融事業者が販売対象として想定する顧客属性
　・　顧客に対して販売・推奨等を行う金融商品・サービスの選定理由(顧客のニーズ及び意向を踏まえたものであると判断する理由を含む)
　・　顧客に販売・推奨等を行う金融商品・サービスについて、顧客との利益相反の可能性がある場合には、その具体的内容（第三者から受け取る手数料等を含む）及びこれが取引又は業務に及ぼす影響

（注２）金融事業者は、複数の金融商品・サービスをパッケージとして販売・推奨等する場合には、個別に購入することが可能であるか否かを顧客に示すとともに、パッケージ化する場合としない場合を顧客が比較することが可能となるよう、それぞれの重要な情報について提供すべきである（(注２)〜(注５)は手数料等の情報を提供する場合においても同じ）。

（注３）金融事業者は、顧客の取引経験や金融知識を考慮の上、明確、平易であって、誤解を招くことのない誠実な内容の情報提供を行うべきである。

（注４）金融事業者は、顧客に対して販売・推奨等を行う金融商品・サービスの複雑さに見合った情報提供を、分かりやすく行うべきである。単純でリスクの低い商品の販売・推奨等を行う場合には簡潔な情報提供とする一方、複雑又はリスクの高い商品の販売・推奨等を行う場合には、顧客において同種の商品の内容と比較することが容易となるように配意した資料を用いつつ、リスクとリターンの関係など基本的な構造を含め、より分かりやすく丁寧な情報提供がなされるよう工夫すべきである。

（注５）金融事業者は、顧客に対して情報を提供する際には、情報を重要性に応じて区別し、より重要な情報については特に強調するなどして顧客の注意を促すべきである。

【顧客にふさわしいサービスの提供】

> 原則６．金融事業者は、顧客の資産状況、取引経験、知識及び取引目的・ニーズを把握し、当該顧客にふさわしい金融商品・サービスの組成、販売・推奨等を行うべきである。

（注１）金融事業者は、金融商品・サービスの販売・推奨等に関し、以下の点に留意すべきである。
- 顧客の意向を確認した上で、まず、顧客のライフプラン等を踏まえた目標資産額や安全資産と投資性資産の適切な割合を検討し、それに基づき、具体的な金融商品・サービスの提案を行うこと
- 具体的な金融商品・サービスの提案は、自らが取り扱う金融商品・サービスについて、各業法の枠を超えて横断的に、類似商品・サービスや代替商品・サービスの内容（手数料を含む）と比較しながら行うこと
- 金融商品・サービスの販売後において、顧客の意向に基づき、長期的な視点にも配慮した適切なフォローアップを行うこと

（注２）金融事業者は、複数の金融商品・サービスをパッケージとして販売・推奨等する場合には、当該パッケージ全体が当該顧客にふさわしいかについて留意すべきである。

（注３）金融商品の組成に携わる金融事業者は、商品の組成に当たり、商品の特性を踏まえて、販売対象として想定する顧客属性を特定・公表するとともに、商

品の販売に携わる金融事業者においてそれに沿った販売がなされるよう留意すべきである。

（注４）金融事業者は、特に、複雑又はリスクの高い金融商品の販売・推奨等を行う場合や、金融取引被害を受けやすい属性の顧客グループに対して商品の販売・推奨等を行う場合には、商品や顧客の属性に応じ、当該商品の販売・推奨等が適当かより慎重に審査すべきである。

（注５）金融事業者は、従業員がその取り扱う金融商品の仕組み等に係る理解を深めるよう努めるとともに、顧客に対して、その属性に応じ、金融取引に関する基本的な知識を得られるための情報提供を積極的に行うべきである。

【従業員に対する適切な動機づけの枠組み等】

> 原則７．金融事業者は、顧客の最善の利益を追求するための行動、顧客の公正な取扱い、利益相反の適切な管理等を促進するように設計された報酬・業績評価体系、従業員研修その他の適切な動機づけの枠組みや適切なガバナンス体制を整備すべきである。

（注）金融事業者は、各原則（これらに付されている注を含む）に関して実施する内容及び実施しない代わりに講じる代替策の内容について、これらに携わる従業員に周知するとともに、当該従業員の業務を支援・検証するための体制を整備すべきである。

2024年度版
金融業務3級　顧客本位の業務運営コース試験問題集

2024年4月29日　第1刷発行

　　　　　　　　編　者　一般社団法人　金融財政事情研究会
　　　　　　　　　　　　　　　　　　　　検定センター
　　　　　　　　発行者　　　　　　　　　加藤　一浩

〒160-8519　東京都新宿区南元町19
発 行 所　一般社団法人 金融財政事情研究会
販 売 受 付　TEL 03(3358)2891　FAX 03(3358)0037
　　　　　　　URL https://www.kinzai.jp

本書の内容に関するお問合せは、書籍名およびご連絡先を明記のうえ、
FAXでお願いいたします。　　　　　　お問合せ先　FAX　03(3359)3343
本書に訂正等がある場合には、下記ウェブサイトに掲載いたします。
https://www.kinzai.jp/seigo/

ISBN978-4-322-14539-7